Dr. Rose Riecke-Niklewski
Dr. Elke Brüser

Was will mein
Baby sagen?

Signale verstehen – Richtig reagieren –
Behutsam fördern

www.knaur-ratgeber.de

Inhalt

Ein Sprachunterricht der anderen Art

Was will mein Baby sagen? So heißt dieses Buch. Und was erwartet Sie? Noch ein Ratgeber zum Thema Baby und gelungene Elternschaft? Patentrezepte für den besten Weg, eine glückliche Familie zu werden? Ein Nachschlagewerk für die Signale von Babys, damit das Verstehen gesichert ist?

Kein Lexikon der Babysprache

Nein, dieses Buch ist kein Lexikon der Babysprache und kein Ratgeber im üblichen Sinne.
Es hält sich zurück mit einfachen Tipps, denn jedes Kind ist anders. Jede Mutter, jeder Vater hat eigene Vorstellungen. Die Frage, um die es geht, ist nicht, wie das neue, gemeinsame Leben möglichst reibungslos klappt. Die Frage ist, wie öffnen wir unsere Sinne für die Signale und das Temperament des neugeborenen Babys, welche Wünsche und Erwartungen haben wir, und wie spielt die eigene Biographie – auch als Schatten der Vergangenheit – in das Miteinander und die Erziehung eines Kindes hinein. Und die Frage ist nicht zuletzt auch, wie genießen wir das Leben mit einem Baby, mit Kindern.

Kommunikation von Anfang an

Was will mein Baby sagen? Dieser Titel betont auch, dass das Kleine, das noch nicht sprechen kann, sich durchaus mitteilt – von Anfang an und lange bevor es mit einem Jahr tatsächlich schon einiges

versteht und vielleicht Wörter wie »Mama«, »Papa« oder »da!« ausspricht.
Zusätzlich besagt der Titel, dass Babys etwas mitteilen wollen. Was dieses Wollen bedeutet, darüber könnte man nun streiten. Doch das überlassen wir getrost anderen. Das Wesentliche ist, dass vor allem Eltern – aber eigentlich alle Menschen – sich intuitiv so verhalten, als wolle das Baby ihnen etwas sagen. Sie versuchen, seine Körpersprache, seine Laute und das Mienenspiel zu verstehen, interpretieren diese Signale und binden den kleinen Erdenbürger von Anfang an in einen Dialog ein.
Mit der Intuition ist das allerdings so eine Sache: Sie speist sich aus dem evolutionären Erbe der Menschheit, aus Kultur und Traditionen und konkret dem, was jeder bewusst oder unbewusst gelernt hat.

Feinfühligkeit und Intuition

Einiges spricht dafür, dass heutzutage vielen jungen Eltern die ganz alltäglichen Erfahrungen mit Babys fehlen, weil es in der Familie, der Verwandtschaft, dem Freundeskreis nur wenige Kinder gab und gibt.
Fehlt es dadurch an Input für die elterliche Intuition? Entsteht ein Mangel an Feinfühligkeit gegenüber Babys, wenn man ihnen zu selten begegnet? Wir wissen es nicht. Wir wissen aber, dass Feinfühligkeit eine wichtige Voraussetzung ist, um ein Baby zu verstehen. Und manchmal, wenn Eltern an ihrem »Schreibaby« verzweifeln, weil die Verständigung nicht gelingt und sich die Probleme immer weiter aufschaukeln, kann tatsächlich ein »Feinfühligkeitstraining« hilfreich

sein als Mittel gegen Teufelskreise. Feinfühligkeit bedeutet zunächst einmal nichts Anderes als sich Zeit zu nehmen, sich einzulassen auf den kleinen, unbekannten Erdenbürger. Augen und Ohren zu öffnen und mit allen Sinnen das neugeborene Baby wahrzunehmen. Dabei kann dieses Buch Ihnen helfen. Und mit »Ihnen« meinen wir nicht nur die eine Hälfte der Eltern, die Mütter. Nein, auch die Väter sind angesprochen. Sie können sich großartig auf ein Baby einlassen, wenn sie sich den Freiraum verschaffen. (Also den Fußball mal sausen lassen und in der Firma Elternzeit beantragen.) Dennoch sprechen wir in diesem Buch fast immer die Mütter an. Das liegt vor allem daran, dass der Fokus auf den so wichtigen ersten Lebensmonaten liegt. Und die sind in aller Regel besonders »mutternah«.

In den ersten Monaten entwickelt sich der lebenslange Dialog von Eltern und Kind, der genaugenommen schon in der Schwangerschaft beginnt, besonders rasant. Und er hat vielerlei Konsequenzen – für den Spracherwerb ebenso wie für die Gefühlswelt. Gerade dieser frühe Dialog ist etwas ganz Besonderes, etwas Phantastisches. Und wer einmal darüber nachdenkt, kommt aus dem Staunen nicht heraus. Da kommen Eltern mit ihren Babys ins Gespräch, obwohl sie einander mit völlig unterschiedlichen Voraussetzungen begegnen: ein Neugeborenes mit seinen begrenzten Wahrnehmungsmöglichkeiten und den wenig strukturierten Äußerungsmöglichkeiten und Erwachsene, die längst gestandene (kompetente) Interaktionspartner sind.

Warum dieser Dialog überhaupt gelingt? Weil das Baby z. B. die Stimme seiner Mutter und alle Gesichter hochgradig interessant findet. Und weil Erwachsene sich auf die Möglichkeiten eines Babys einstellen können. Sie sprechen langsamer, wiederholen viel, lächeln ganz oft – fühlen mit. Und sie machen all das ohne besondere Anstrengung.

Abschied vom Perfektionismus

Und nun kommt auch die Erklärung, warum dieses Buch kein Lexikon der Babysignale ist. Denn das würde bedeuten, dass ein Kind mit einer Reihe eindeutiger Signale auf die Welt kommt und das Verstehen problemlos klappt, wenn wir diese kennen. Dem ist aber nicht so. Die Signale von Babys sind variabel, gehen ineinander über, vieles geschieht gleichzeitig, und um sie zu verstehen, muss man immer auch die jeweilige aktuelle Situation berücksichtigen. Kann das Baby müde sein, Hunger haben, krank sein – oder ist ihm langweilig?

Was Ihr Baby Ihnen sagen will, das lernen Sie vor allem, wenn Sie sich auf ein etwas anderes Leben einlassen können. Dazu gehört auch, von der Hektik unserer Zeit Abstand zu nehmen und überzogene Ansprüche loszulassen. Dann können Sie die Sprache Ihres Kindes, seine Signale und seine »Grammatik« besser verstehen, verstehen lernen.

Insofern ist dieses Buch vielleicht eine nützliche Sprachlehre, die der Intuition auf die Sprünge hilft und Sie darin bestärkt, die einzigartige Liebesbeziehung zu Ihrem Kind zu genießen. Denn auch wenn es manchmal nicht ganz leicht ist: Es ist eine Lust, mit Kindern zu leben.

Der Anfang einer Beziehung

Haben Sie einmal darüber nachgedacht, wann der Dialog zwischen Ihnen und Ihrem Baby beginnt? Mit der Geburt? Nein, schon lange vorher. Denn bereits in dem Moment, in dem Sie sich über Ihre Schwangerschaft Gedanken machen, sich vorstellen, wie das Leben mit dem Baby wohl aussehen wird, haben Sie Kontakt mit dem kleinen Wesen in Ihrem Bauch aufgenommen.

Geburtsvorbereitung

Geburtsvorbereitung ist mehr als Schwangerschaftsgymnastik, Massagen, Atemübungen und der »Nestbautrieb«, der viele in den Wochen vor der Geburt überfällt und sie so absurde Dinge tun lässt, wie Schränke auszuputzen, Wände zu tapezieren oder den Keller auszumisten. Zur Geburtsvorbereitung gehört auch, sich innerlich auf das Baby vorzubereiten. Alle Frauen tun dies: Lange vor der Geburt entsteht in ihnen ein Bild von ihrem Kind. Sie treten in Kontakt mit ihrem Baby und sprechen mit ihm. Dieses innere Zwiegespräch ist der Anfang der lebenslangen Beziehung zwischen einer Mutter und ihrem Kind. Die Beziehung zwischen Eltern und ihrem Baby fällt nicht vom Himmel, entsteht nicht von heute auf morgen. Und sie ist nicht einseitig. Sie entwickelt sich von Anfang an als Austausch, als Dialog zwischen zwei Partnern.

Wann beginnt der Dialog zwischen Mutter und Baby?

Wann beginnt dieser Dialog? Gibt es ein bestimmtes Datum? Vielleicht ja. Ist es die Geburt? Sicher nicht. Der Geburtstermin ist kein Blind Date. Mütter wissen, dass die Beziehung lange vor der Geburt beginnt. Spätestens an dem Tag, der als Zeitpunkt der ersten spürbaren Kindsbewegungen in den Mutterpass eingetragen wird, wahrscheinlich aber schon beim Betrachten des ersten Ultraschallbildes beginnen sie, mit ihrem Baby zu sprechen. Jede werdende Mutter kennt dieses innere Zwiegespräch mit ihrem ungeborenen Kind. Wie von selbst entstehen Kosewörter und erste Versuche, einen »passenden« Namen zu finden. Ein Gegenüber entsteht.

Ist das der Anfang des Zwiegesprächs mit dem ungeborenen Baby? Nein, denn auch dieser ganz frühe emotionale Dialog hat noch eine Vorgeschichte. Sie beginnt mit den ersten Gedanken über die Schwangerschaft, mit den Wünschen, Hoffnungen, Planungen, Berechnungen, Mutter zu werden oder nicht. Also: Welche Vorstellungen verbinde ich mit dem Muttersein? Wie male ich mir mein Leben mit meinem Kind aus? Was erwarte, erhoffe, wünsche ich von meinem Kind? Wovor habe ich Angst, was befürchte ich? Dazu kommen Fragen: Warum mit diesem Mann? Liebe ich ihn genug? Und: Kann und soll er wirklich Vater »meines« Kindes werden? Wird er Vater sein können? Was erhoffe ich mir, befürchte ich für uns als Paar, als zukünftige Eltern? Seit Kinder planbar sind, treten noch spezifischere Fragen auf: Warum gerade jetzt? Passt ein Kind zu meinem beruflichen Lebensentwurf? Wie müsste dieses Kind sein, damit meine Pläne klappen? Und welche Pläne, Hoffnungen und Erwartungen muss ich aufgeben? Und nicht zuletzt: Bin ich überhaupt fähig Mutter, eine gute Mutter zu sein? Kann ich ein Kind gesund zur Welt bringen, umsorgen und lieben? Wie werde ich als Mutter sein? Und: Kann ich tatsächlich in eine lebenslange Beziehung zu einem Kind treten? Die Antworten, die sich Frauen bewusst oder nur als gefühlsmäßige Einstellung geben können, bereiten das Gespräch mit ihrem (ungeborenen) Baby vor. Und sie bleiben lange die Begleitmusik, in der, um im Bild der Musik zu bleiben, alle Saiten ihrer Person anklingen. Und gerade mit Beginn der Schwangerschaft sind es genau diese Fragen, die alle Frauen ganz intensiv beschäftigen.

Schritte der Annäherung

Fast alle Mütter (und Väter) machen im Laufe der Schwangerschaft verschiedene Phasen durch, in denen sie sich ganz unterschiedlich mit ihrer Schwangerschaft auseinandersetzen und somit ganz unterschiedlich mit ihrem zukünftigen Baby in Kontakt treten, mit ihm »sprechen«.

Erste Phase: Phase der Verunsicherung

Selbst Frauen, die ihre Schwangerschaft genau geplant haben, sie also positiv bewerteten, sind oft nach dem ersten Glücksgefühl plötzlich verunsichert und reagieren auf den positiven Schwangerschaftstest – auch aufgrund der hormonellen Umstellung – mit unerwarteter emotionaler Labilität. Sich auf ein Baby und die damit zu erwartenden Veränderungen und Aufgaben einzulassen ist anfangs noch schwierig. Zwei Aufgaben stellen sich jetzt: mit dem zukünftigen Baby vertraut zu werden und die zukünftige Rolle als Mutter annehmen zu können – beides gelingt nicht von heute auf morgen. Zu den alten Fragen kommen neue: Wie wird es mir in der Schwangerschaft gehen? Was passiert mit mir und meinem Körper? Bin ich körperlich in der Lage, ein Kind auszutragen? Und wieder: Kann ich mich auf meinen Partner, den Vater meines – ungeborenen – Kindes, verlassen?

Wenn die Verunsicherung zu groß wird

Für manche Frauen (und auch Männer) können diese ersten Zweifel zu Beginn der Schwangerschaft überwältigend werden, vor allem wenn sie nicht geplant war. Die Eltern in spe erleben die zukünftigen Aufgaben als Überforderung, haben kein Vertrauen in sich selbst, und auch die Unterstützung durch andere erscheint ihnen nicht als Problemlösung.

Angst verdrängt alle positiven Gefühle – Angst vor der Zukunft, Angst vor negativen Auswirkungen auf die Partnerschaft, vor Überforderung, vor dem Verlust des Arbeitsplatzes oder der Wohnung, vor wirtschaftlichen Problemen und, und, und ... Diese Angst wird dann besonders stark, wenn sich Frauen allein mit ihren Fragen und Zweifeln quälen müssen.

Hilfreich in solchen Fällen sind Schwangerschaftsberatungsstellen. Sie sind nicht nur für die Frauen da, die sich schon gegen diese Schwangerschaft entschieden haben oder einen Schwangerschaftsabbruch zumindest in Betracht ziehen. Hier finden auch Frauen und Paare, die während der Schwangerschaft mit scheinbar unlösbaren Problemen konfrontiert werden, Zuhörer, Berater und konkrete Unterstützung. Zum Team einer Beratungsstelle gehören meist Gynäkologen, Juristen, Sozialpädagogen, Psychologen und Seelsorger. Denn die Fragen und Probleme, die eine Schwangerschaft mit sich bringen kann, betreffen viele Bereiche: gesundheitliche, soziale, emotionale und juristische.

Auch der zukünftige Vater reagiert auf die neue Situation oft trotz aller Vorfreude erst einmal verunsichert und zwiespältig. War unsere Entscheidung wirklich richtig? Wie wird meine Rolle sein in dieser entstehenden Familie? Kann ich sie ausfüllen? Diese Zweifel und Fragen sind normal. Sie gehören zu diesen ersten Wochen, zu dieser Phase der gemischten Gefühle. Wichtig ist es für zukünftige Mütter und Väter, sich die Fragen und Zweifel als durchaus »normal« einzugestehen. Sie helfen, das Projekt »Schwangerschaft und Elternwerden« als Aufgabe anzunehmen, sich damit auseinanderzusetzen und zu planen.

Also: Bleiben Sie auch angesichts Ihrer zwiespältigen Gefühle und des Selbstzweifels zuversichtlich und gelassen! Denn nach diesem frühen Stadium, in denen sich Körper und Seele auf die neue Situation einstellen müssen, kehrt erfahrungsgemäß Ruhe ein. Die zweite Phase beginnt.

Zweite Phase: Anpassungsphase

Den ersten Wochen, der Phase der Verunsicherung, folgt eine zweite, die von Psychologen als Anpassungsphase bezeichnet wird. Jetzt haben die meisten Frauen ihre neue Rolle der werdenden Mutter angenommen. Die körperlichen Beschwerden, über die viele Schwangere im ersten Vierteljahr klagen, sind nun verschwunden. Die Zukunft der werdenden Familie stellt sich als eine Frage der Organisation und noch nicht als das Entstehen eines neuen Beziehungsgeflechts dar.

Auch das Baby hat im Erleben der Eltern kaum Gestalt angenommen. Dies ändert sich jedoch meist schlagartig, wenn die Mutter die ersten Kindesbewegungen spürt, wenn das Baby zum ersten Mal »anklopft«, sich also spontan bemerkbar macht.

Dritte Phase: Phase der Konkretisierung

Die nächste Phase, die sogenannte Phase der Konkretisierung, beginnt: Immer konkreter werden nun die Vorstellungen vom ungeborenen Baby als einem selbständigen Wesen, von der eigenen Rolle als Mutter und Vater und von den Veränderungen, die sich in der Paarbeziehung anbahnen. Der wachsende Bauch lässt die werdende Mutter nun auch für andere zur zukünftigen Mutter werden. Ängste um die Gesundheit des Babys lassen meist ebenso nach wie die Befürchtungen, der Mutter- und Vaterrolle nicht gewachsen zu sein. Das Selbstvertrauen wächst. Das Baby, das sich jetzt durch seine Aktivität bemerkbar macht, hilft seinen Eltern dabei.

Es macht zunehmend deutlich, dass es ein eigenständiges Wesen ist, das seine Bereitschaft zum Ausdruck bringt, »angesprochen« zu werden, und das auf seine eigene Weise auf sich aufmerksam machen kann.

Vierte Phase: Phase der alten und neuen Ängste

Erst im letzten Drittel der Schwangerschaft tauchen oft neue und alte Ängste auf. Werde ich die Geburt gut überstehen? Werde ich mein Baby wirklich lieben können und es so versorgen, dass es wachsen und gedeihen kann? Und: Kann ich mit Unterstützung und Hilfe rechnen? Oder muss ich »alles allein schaffen«?

Auch Väter werden noch einmal unsicher. Kann ich meiner Frau richtig beistehen? Und beide beschäftigt natürlich: Werden wir ein gesundes Kind haben? Jetzt brauchen die Schwangeren Menschen, die für sie da sind, die ihnen die Sicherheit vermitteln: »Es wird alles gut werden, du wirst es schaffen, und du bist nicht allein bei den Aufgaben, die auf dich zukommen.« Oft sind es Väter, die diese Funktion übernehmen. Manchmal sind sie jedoch überfordert. Denn auch sie müssen in ihre Aufgabe hineinwachsen. Eine gute Geburtsvorbereitung, Hebammen, die beste Freundin, die selbst schon Kinder hat, oder – wie seit Jahrtausenden in der Menschheitsgeschichte – die eigene Mutter können der bessere Halt sein, den die werdende Mutter jetzt braucht.

In dieser letzten Phase hilft Ihnen Ihr Gespräch mit Ihrem Baby, mit dem Sie immer vertrauter werden. Sie bemerken nun, auf welche äußeren Reize ihr Kleines mit Strampeln reagiert, welche Ihrer Bewegungen es beruhigen, welche es anregen. Sie wissen, zu welcher Tages- und Nachtzeit es besonders aktiv ist, und erkennen vielleicht sogar, wann Ihr Baby schläft. Und Sie spüren, wann es auf Sie, Ihre Bewegung und Ihre Stimme, aber auch auf Ihre »Umwelt«, auf Lärm, Musik und Licht, reagiert. Sie haben auch gelernt, sich darauf einzustellen. Jetzt können Sie mit ihm immer besser in Kontakt treten. Also besuchen Sie Ihr Baby! Hören und schauen Sie in sich hinein! Sehen Sie Ihr Baby vor sich? Wie geht es Ihnen? Sprechen Sie mit Ihm! Das tut Ihnen und Ihrem Baby gut. Denn es »versteht« Sie – schon jetzt, lange bevor es geboren wird.

Was unser Baby versteht

Die Sprache, die das ungeborene Baby versteht, beginnt als körperlicher – physiologischer – Austausch: Das Blut der Mutter, das über die Plazenta das ungeborene Baby erreicht, ist das Medium für den Dialog. Die Zusammensetzung ihres Blutes, die Anteile z. B. an Sauerstoff, Nährstoffen, Stoffwechselprodukten, bestimmten Botenstoffen und Hormonen, und die Durchmesser ihrer Gefäße und damit die Menge des durchfließenden Blutes informieren das ungeborene Baby darüber, wie es seiner Mutter geht. Ist sie gesund oder krank, aktiv oder ruhig, satt oder hungrig, ausgeschlafen, erholt oder müde und erschöpft? Jeder kennt die Wirkungen bestimmter Infektionen der Mutter auf ihr ungeborenes Baby und weiß, dass ihm einzelne Medikamente und Suchtstoffe, die über den Blutkreislauf zu ihm vordringen, schaden können.

Blut: Bote für Gefühle

Aber das Blut übermittelt weit mehr. Auch der emotionale Zustand seiner Mutter bleibt dem ungeborenen Baby nicht verborgen. Es erfährt über den gemeinsamen Blutkreislauf, ob seine Mutter angespannt, ängstlich und traurig ist oder entspannt, gelassen, zuversichtlich und glücklich.

Denn Gefühle wie Zufriedenheit oder Glück, aber auch Wut, Trauer und Angst gehen immer mit Veränderungen des (Gehirn-)Stoffwechsels einher, die sich im Blut nachweisen lassen.

Gefährlicher Stress

Wenn eine Frau während der Schwangerschaft zu großen seelischen Belastungen ausgesetzt ist, denen sie sich hilflos ausgeliefert fühlt, bleibt dies nicht ohne Folgen für ihr Baby. Denn Ängste und emotionale Belastungen teilen sich ihm unmittelbar durch die Veränderungen des Stresshormonhaushalts mit.

Die vermehrte und lang anhaltende Ausschüttung von Stresshormonen führt zu einer Verengung der Blutgefäße mit der Folge: Das Baby wird weniger gut versorgt. Auch die Zusammensetzung des Blutes der Mutter, die jeweilige »Mischung« der einzelnen Bestandteile, zu denen die Menge des Sauerstoffs und die der stressbeeinflussten Hormone und Botenstoffe gehören, verändert sich und signalisiert dem Baby ihren seelischen Druck. Was eine werdende Mutter als Stress erlebt, ist dabei höchst individuell. Eine unerwünschte Schwangerschaft, Beziehungskrisen, Krankheit oder Todesfälle in der Familie, überwältigende Angst um das Gedeihen des Babys, allgemeine Zukunftsangst – all das sind Belastungsfaktoren, die als entscheidende emotionale Risikofaktoren für ein Baby erkannt wurden. Es kann in seinem Wachstum und seinem Reifeprozess Schaden nehmen. Deshalb ist es wichtig für Mutter und Baby, Hilfe und Unterstützung in Anspruch zu nehmen, wenn der emotionale Stress zu groß wird (vergl. Seite 139).

Man weiß heute recht viel darüber, welche Hormone und anderen Botenstoffe mit welchen Gefühlen besonders eng in Zusammenhang stehen, und immer besser, welche Funktion diese Stoffe für die Entwicklung des ungeborenen Babys haben. Sie wirken als Signalstoffe, die jeweils ganz bestimmte Entwicklungsprozesse einleiten und lenken.

Die Mutter wahrnehmen

Schon ganz früh – so zeigen Ultraschallbilder – hat das ungeborene Baby Möglichkeiten, seine Mutter zu empfinden und wahrzunehmen. Die ersten Wahrnehmungsmöglichkeiten bietet der Tastsinn über die Haut, das größte Sinnesorgan. Die Entwicklung ihrer Sensibilität beginnt schon wenige Wochen nach dem Entstehen des neuen Lebens zuerst um die Mundregion, später an den Fingerspitzen, also an jenen Bereichen, die auch im späteren Leben die größte Zahl an Tastkörperchen aufweisen und deshalb äußerst empfindsam sind. Diese Sensibilität breitet sich zunehmend über die ganze Körperoberfläche aus. Auch die Raum-Lage-Empfindung entwickelt sich sehr früh. Schon zum Ende des ersten Vierteljahres versucht das ungeborene Baby, seinen Kopf im Gleichgewicht zu halten.

Musik im Mutterleib

Man weiß, dass das ungeborene Baby schon in den allerersten Schwangerschaftswochen (akustische) Schwingungen wahrnehmen kann, und bereits im vierten Monat zeigt sich das Baby als durchaus geräuschempfindlich, und es lernt schnell, unterschiedliche Geräusche und Töne wahrzunehmen. Im sechsten Monat kann das Kind im Bauch die Stimme seiner Mutter wiedererkennen. Es erinnert sich an Melodien, die es mehrmals zuvor gehört hat.

Auch der Geschmackssinn ist früh – im vierten Monat – entwickelt. Das ungeborene Baby kann schmecken. Etwa um dieselbe Zeit ist es auch in der Lage zu riechen. Mit Ende des sechsten Monats kann das ungeborene Baby Geschmacksmerkmale wie süß, salzig, sauer und bitter unterscheiden und Geruchsunterschiede wahrnehmen. Es öffnet zum ersten Mal die Augen, »sieht« – zumindest hell und dunkel, im Zusammenhang mit der Aktivität seiner Mutter. Es ist in der Lage, seine Mutter mit allen Sinnen wahrzunehmen, kennenzulernen.

Unser Baby antwortet

Ihr ungeborenes Baby »antwortet« durch seinen Körper. Es reagiert auf die mütterlichen Signale mit seiner individuellen Entwicklung, die schon jetzt nicht nur die Entfaltung eines genetischen Bauplans ist, sondern eine Antwort im Dialog mit seiner Mutter. Die erste Antwort ist ganz unspezifisch sein Wachsen und Gedeihen. Doch bald werden die Antworten Ihres Babys deutlicher. Es gibt sie durch seine früh entwickelte Motorik, die es in die Lage versetzt, auf Reize von außen zu reagieren. Zwischen dem dritten und vierten Monat versucht es, bei Lageveränderungen seinen Kopf im Gleichgewicht zu halten. Es antwortet mit Bewegung auf Berührung des Bauches und reagiert auf einen akustischen Reiz mit der Bewegung seiner Ärmchen und Beinchen und mit einer Veränderung seiner Lage.

Ihr Baby hört Sie!

Ihr Baby hört Ihr strömendes Blut in den Blutgefäßen. Es hört Ihre Atemgeräusche, Ihre Verdauung, Ihre Körperbewegungen und Ihren Herzschlag. Es hört aber auch, was um Sie herum »draußen« passiert. Es hört Lärm, Musik und Stimmen. Dabei nimmt es Ihre Stimme ganz anders wahr als andere Geräusche, Töne und Stimmen, die von außen durch die Bauchdecke und den Uterus zu ihm vordringen. Wenn Sie mit ihm sprechen, hört es Ihre Stimme. Es spürt Sie aber auch: Ihre Sprachmelodie, den Rhythmus, mit dem Sie sprechen, und die Art und Weise, wie und wie oft Sie im Fluss des Sprechens absetzen, Pausen machen und neu anfangen und Betonungen setzen. Denn die Schwingungen Ihrer Stimme werden über die Knochen der Wirbelsäule und des Beckens zur Gebärmutter fortgeleitet. Das Baby in Ihrem Bauch spürt den Rhythmus des Zwerchfells, die Frequenz Ihres Herzschlags und Ihres Atems. Atem und Herzfrequenz verraten, was Sie fühlen, während Sie sprechen. Schon im sechsten Monat kann ein Baby die Stimme seiner Mutter erkennen. Es reagiert darauf mit Bewegungen und mit Veränderungen seines Herzrhythmus – ganz anders als auf andere Stimmen und Geräusche.

Aktivitätsphasen

Was Mütter spüren, ist im Ultraschall nachweisbar: In den letzten Wochen und Tagen vor der Geburt verhält sich das Baby im Bauch schon so wie kurz nach der Geburt – es hat verschiedene Aktivitätsphasen (vergl. Seite 100): Im Tiefschlaf befindet sich das Baby, wenn es trotz einzelner ruckartiger Bewegungen eines Armes oder Beines ganz ruhig ist und auch auf äußere Reize nicht reagiert. Im aktiven Schlaf bewegt es sich häufiger ganz plötzlich mit leichten Stößen der Arme oder Beine. Den dritten Zustand innerhalb eines solchen Zyklus haben Beobachter den aktiven Wachzustand genannt. Jetzt tritt das Baby im Bauch heftig und stößt. Kontaktbereit zeigt es sich besonders in Phasen des ruhigen Wachzustands. Es scheint, als warte es auf Ansprache. Jetzt reagiert es auf äußere Reize mit sanften Bewegungen.

Schon nach vier Monaten reagiert es auf Geräusche von außen mit Bewegungen, die Vorlieben oder Abneigung signalisieren. Einem leisen Geräusch – so zeigen Ultraschallbilder – wendet es sich zu, ein lautes Geräusch lässt es erschrecken. Das ungeborene Baby reagiert auch durch seine eigene Aktivität auf die Befindlichkeit seiner Mutter. Es zeigt durch seine Bewegung, ob ihm diese oder jene Aktivität oder Körperhaltung der Mutter gefällt oder missfällt. Sein Herz schlägt schneller, wenn es die Stimme seiner Mutter hört.

und Hoffnungen, die Sie während der Schwangerschaft begleitet haben und auch jetzt noch »umtreiben«. Zwangsläufig sind in Ihr Bild von Ihrem Baby auch Ihre eigenen Erfahrungen eingeflossen. Vielleicht erinnert es Sie in seiner Bewegungsfreude an Ihren Vater. Oder es lässt sich – so empfinden Sie – genauso wie Ihr Mann durch nichts aus der Ruhe bringen. Und so bereiten Sie wie alle zukünftigen Eltern durch Ihr Gespräch mit dem ungeborenen Baby, Ihrem Kind, also schon einen Platz vor, den es in Ihrem Leben einnehmen wird.

Unser Baby und wir

Ihr Baby, mit dem Sie sprechen, ist für Sie längst zu einer kleinen Persönlichkeit geworden. In Ihrem Bild, das Sie sich von ihm machen, ist es vielleicht ein zartes Wesen, vielleicht aber auch ein kleiner Rabauke. Diese frühen Vorstellungen von Ihrem Kind sind nicht zu trennen von Ihren Themen, Wünschen, Befürchtungen

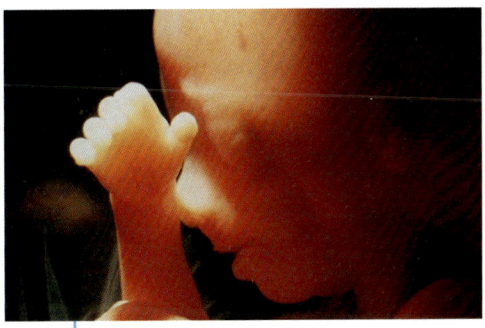

Mit 15 Wochen lassen sich bereits die Gesichtszüge erkennen.

Die erste Begegnung

Neun Monate haben Sie auf diesen Moment gewartet, jetzt ist es so weit: Ihr Baby kommt zur Welt. Endlich können Sie es im Arm halten, den Moment genießen, in dem die besondere Verbindung von der Mutter zum Kind entsteht. Nicht nur das Baby, auch Sie als Eltern werden »neu geboren« und müssen damit zurechtkommen. Das Wichtigste in dieser Phase: Nehmen Sie sich Zeit zum »Beschnuppern«!

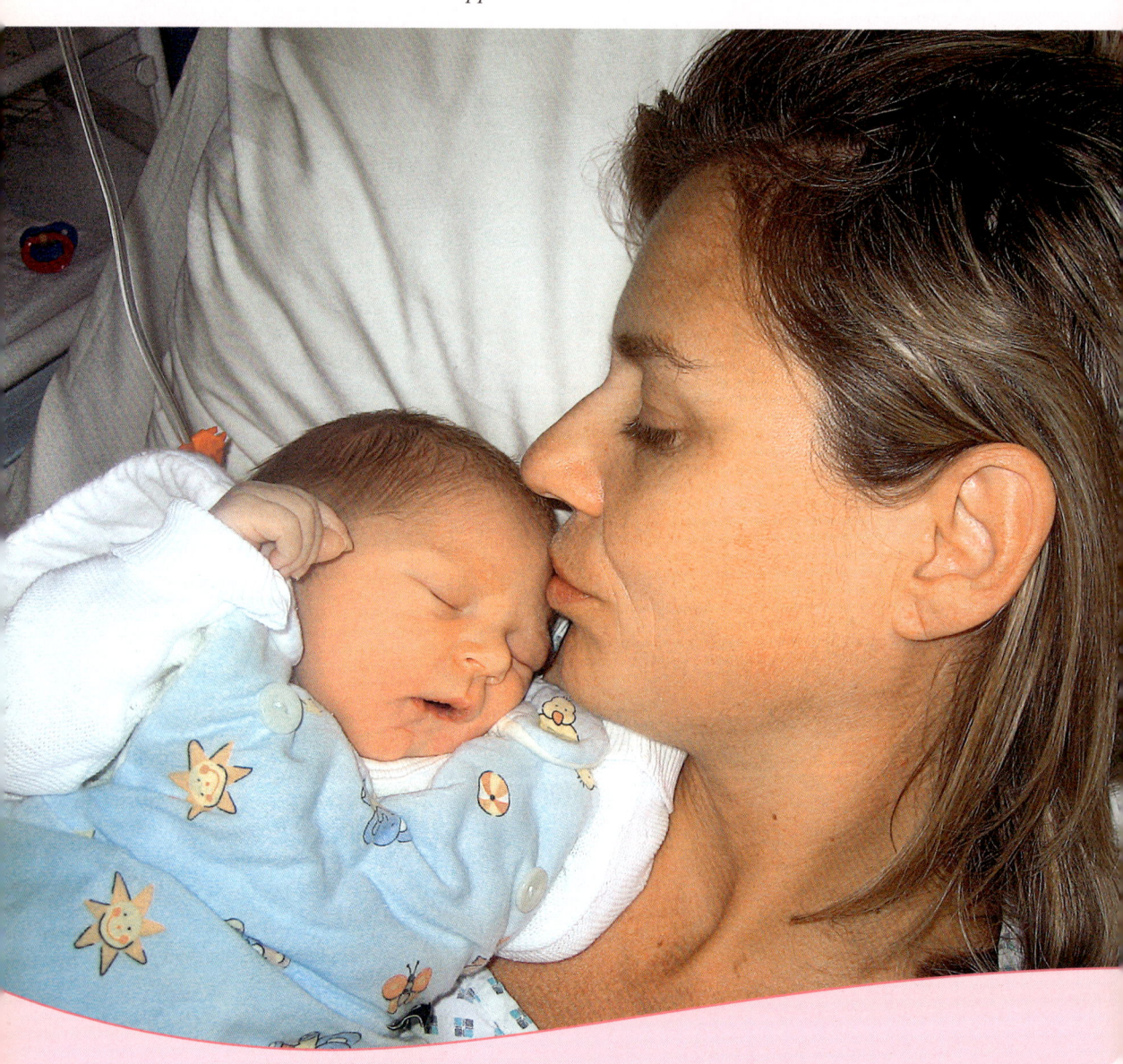

Der Beginn einer neuen Beziehung

Seit Monaten haben Sie sich Ihr Baby in Ihren Gedanken, Phantasien und Träumen ausgemalt und in vielen Gesprächen mit ihm Kontakt aufgenommen. Sie haben sein Bild im Ultraschall gesehen, haben seine Bewegungen gespürt, manchmal sein Kicken und Boxen als Antwort auf Ihre Stimme oder Ihre Bewegung erlebt. Und endlich ist das Baby da – und damit der Augenblick der ersten Begegnung, auf den Sie schon so lange mit Vorfreude und Spannung gewartet haben. Entspricht dieses kleine Wesen, das nun in meinem Arm liegt, dem Baby, das ich mir ausgemalt habe? Werden wir uns verstehen? Wohl alle Mütter und Väter treiben diese Fragen um. Sie sind möglicherweise gerade dann besonders drängend, wenn das innere Zwiegespräch sehr intensiv war. Denn trotz der Vertrautheit, die sich in den Monaten der Schwangerschaft entwickelt hat, ist dieser Augenblick für alle Eltern ein Neuanfang – der Beginn einer neuen Beziehung.

Enger Kontakt von Anfang an

Es ist schwierig, sich nicht darüber Gedanken zu machen, was seine Geburt für ein Baby bedeuten mag: Aus der warmen, ruhigen, haltenden Umgebung, in der kein Mangel bestand, also aus einem paradiesischen Zustand hinausgepresst zu werden, muss – so kann man spekulieren – eine dramatische Erfahrung sein. Im Grunde wissen wir wenig darüber, wie Babys diese Erfahrung erleben und speichern. Was wir wissen, ist, dass Babys, die gleich in den ersten Minuten und Stunden engen Hautkontakt mit ihrer Mutter haben, die auf ihrem Bauch, in ihrem Arm oder neben ihr in ihrem Bett liegen dürfen, sehr viel weniger weinen als andere, die warm eingepackt, wohl versorgt und bestens untersucht in ein Bettchen »abgeschoben« wurden. Auch die Körperwärme des neugeborenen Babys reguliert sich viel schneller, wenn es gut abgetrocknet, nackt auf dem Bauch seiner Mutter liegen darf. Die mütterliche Körperwärme ist genau das, was ein neugeborenes Baby braucht. Aus dieser Lage heraus ist es nach einer Phase des Ausruhens und der Erholung von den Strapazen der Geburt sogar in der Lage, sich mit den Beinchen abzustoßen und allmählich zur mütterlichen Brust zu robben.

Wach und aufmerksam

Doch nicht der Brust gilt sein erstes Interesse: Wer Babys einfühlsam beobachtet, bemerkt, dass sich ein gerade eben geborenes Baby trotz der Anstrengungen der Geburt ausgesprochen wach und aufmerksam zeigt – oft weit mehr als in den folgenden Tagen. Sofern es nicht durch Medikamente, die die Mutter während der Geburt genommen hat, beeinträchtigt ist, befindet es sich in der ersten Stunde seines Lebens in einem ruhigen, aber äußerst aufmerksamen Zustand, dem Zustand des ruhigen aufmerksamen Wachseins, in dem es auch später für ein Lächeln, kleine Gespräche und viele, viele Anregungen bereit ist.

Mit weitgeöffneten, wachen Augen sieht es seine Mutter eindringlich an und signalisiert ihr sein starkes Interesse, genau sie – seine Eltern – kennenlernen zu wollen.

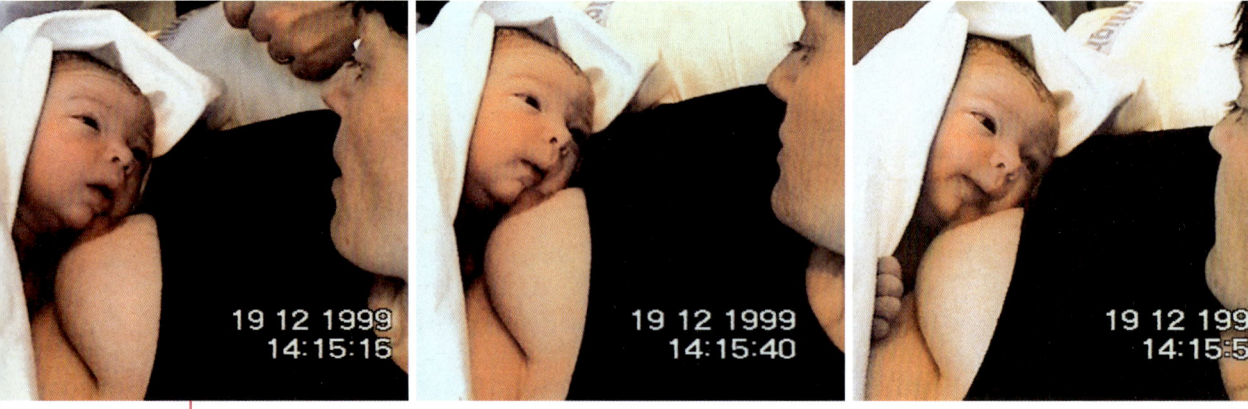

Um 14:05:55 Uhr habe ich das Licht der Welt erblickt – und nun gibt es nichts Wichtigeres als den Anblick meiner Mutter.

Diesen Eindruck jedenfalls haben Eltern, die den ersten Augenblick bewusst miterleben konnten.

Und sie haben recht! Ihr Baby zeigt vom ersten Augenblick an ein eigenes Interesse, die Beziehung einzugehen, die für sein Überleben unverzichtbar ist.

Ihr Baby ist also für diese erste Begegnung vorbereitet. Sie ist ein erster Schritt hin zur Bindung, die Ihr Baby im Laufe seines ersten Lebensjahres an Sie, seine Eltern, entwickeln wird. Und sie macht die ersten Minuten und Stunden nach der Geburt, in denen sich das Baby ganz wach und aufmerksam seiner Mutter zuwendet, zu einer überwältigenden Erfahrung.

Die Magie des ersten Augenblicks: Bonding

Aus der Beobachtung vieler solcher ersten Begegnungen in aller Welt formulierten in den 1970er Jahren – zu einer Zeit, als die meisten Babys der westlichen Welt noch gleich nach der Geburt in ein Säuglingszimmer abgeschoben wurden – zwei amerikanische Wissenschaftler und Autoren, Marshall H. Klaus und John H. Kennell, ihre revolutionäre Theorie über die Entstehung der Bindung einer Mutter an ihr Baby und die Folgen einer Trennung gleich nach der Geburt: Die ersten Blickkontakte zwischen Mutter und Baby bahnen die tiefe Bindung der Mutter zu ihrem Kind, die für das Überleben des Babys so wichtig ist. Und: Können Mutter und Baby diese erste sensible Phase nicht gemeinsam verbringen, kann dies die Bindung der Mutter an ihr Baby beeinträchtigen. Von Klaus und Kennell stammt der englische Begriff »Bonding«. Man verwendet ihn heute für diese ganz besondere Bindung der Mutter an ihr Kind.

Die Bindung des Babys an seine Mutter (und andere Bezugspersonen) hingegen, die sich erst über Wochen und Monate entwickelt, bezeichnet man schlicht als Bindung (oder englisch Attachment).

Zu Anfang ihrer Forschungen glaubten die beiden Wissenschaftler, der erste

Blickkontakt sei für diese Bindung des Babys ausschlaggebend, also für das Baby ebenso prägend wie für seine Mutter. Inzwischen betonen Klaus und Kennell und andere Theoretiker, die sich mit der Entstehung der Bindung zwischen Mutter und Baby beschäftigen: Nicht das Baby wird »geprägt«, sondern die Mutter, da diese ersten Blickkontakte ihre Bindung, das Bonding, an ihr Baby auslösen.

Mutterliebe: jetzt oder nie?

Ist dieser erste Augenblick die Geburtsstunde der Mutterliebe? Gibt es tatsächlich die frühe sensible Phase, in der dieses Band zwischen Mutter und Neugeborenem geknüpft werden muss, weil es später zu spät ist? Oder anders: Entsteht »Mutterliebe« im ersten Augenblick, den die beiden nach der Geburt teilen? Diese Liebe sorgt dafür, dass die Mutter bis an die Grenzen ihrer Belastbarkeit mit Zeit, Energie und Fürsorge ihrem Baby zuwendet und die mütterlichen Fähigkeiten entwickelt, die ihr Kind braucht.

Seit den ersten Studien von Klaus und Kennell wurde in vielen weiteren Untersuchungen dieser Frage nachgegangen. Man hat viele Mütter mit ihren Babys beobachtet und ihre weitere Entwicklung begleitet.

Tatsächlich zeigten solche Beobachtungen, dass sich Mütter, die gleich nach der Geburt Kontakt mit ihrem Baby haben und diesen Moment bewusst erleben konnten, in den ersten Tagen und Wochen mit ihrem Baby sicherer fühlen und es auch besser verstehen können. Vätern

ging es ähnlich, und sie waren von Anfang an mehr an der Versorgung des Babys beteiligt. Vor allem Müttern, die bisher während der Schwangerschaft keine positiven Gefühle für ihr Baby entwickeln konnten, half der erste Kontakt gleich nach der Geburt, ihr Baby anzunehmen. Auch das Stillen klappte viel besser, wenn man dem Baby gleich nach der Geburt die Möglichkeit zum selbständigen »Suchen« gegeben hatte. Und die Mütter, die sich aufgrund des frühen Stillens sicher sein konnten, ihrem Baby das geben zu können, was es suchte, konnten sehr viel schneller »mit Leib und Seele« Mutter sein.

Diese Beobachtungen trugen dazu bei, dass Geburten längst ganz anders verlaufen als noch zu der Zeit, als die heutigen Mütter und Väter geboren wurden. Eltern und Baby wird heute in fast allen Entbindungskliniken Zeit und Ruhe für ihre erste Begegnung, den möglicherweise magischen ersten Augenblick, eingeräumt. Genießen Sie also die kostbaren Minuten als besonders günstige Zeit für eine ganz intensive erste Begegnung. Staunen Sie über Ihr Baby, das Ihnen schon jetzt zeigen kann, wie sehr ihm an Ihnen gelegen ist.

Den Bonding-Augenblick verpasst? Auch kein Drama!

Nicht immer ist der erste Kontakt zwischen Mutter und Kind nach der Geburt möglich, sei es wegen einer komplizierten Kaiserschnittentbindung, sei es, weil das neugeborene Baby aus medizinischen Gründen besonderer Behandlung bedarf. Auch sind nicht alle Frauen tatsächlich in diesen ersten Minuten und Stunden nach der Geburt in der Lage, sich auf ihr Baby einzulassen, weil sie selbst zu erschöpft und mitgenommen sind. Viele verspüren in diesen Minuten nur die Erleichterung, dass alles vorbei ist, und haben das Bedürfnis, erst einmal selbst Kraft zu schöpfen.

Nicht wenige Frauen sind dann enttäuscht und traurig. Oder sie erleben ihre eigene Erschöpfung mit Schuldgefühlen. Sie zweifeln an sich, weil sie nicht in der Lage sind, den Augenblick zu genießen.

Sie haben sich doch die Ankunft ihres Kindes als einen Moment höchsten Glücks vorgestellt und erwartet, die Mutterliebe werde gewissermaßen einschießen wie wenig später die Muttermilch.

Aber: Ein schlechtes Gewissen oder gar Angst, nie eine gute Mutter oder gute Eltern zu werden, sind nicht angebracht.

Info

Liebe oder nicht?

Wie kann die Wissenschaft überhaupt erkennen, ob Mütter bzw. Väter ihr Kind lieben oder nicht? Die meisten Forscher haben sich darauf verständigt, dass Elternliebe daran erkennbar ist, ob Eltern offen sind für ihr Baby, ob sie ansprechbar sind, ob sie sich einfühlen können und ihr Baby verstehen. Sie zeige sich auch darin, dass Eltern ihr Mutter- bzw. Vatersein akzeptiert haben, dass sie sich emotional zur Verfügung stellen können und ihr eigenes Wohlbefinden untrennbar mit dem Wohlbefinden ihres Babys verknüpft ist.

Auch die Mütter, die – aus welchen Gründen auch immer – nicht die Möglichkeit haben, die erste Stunde nach der Geburt mit ihrem Baby in engem Haut- und Blickkontakt zu verbringen, müssen keine bleibende Beeinträchtigung ihrer Beziehung zu ihrem Baby befürchten. Was die oben zitierten Untersuchungen nämlich auch ergeben haben: Eltern, die den »magischen ersten Augenblick« nicht erleben konnten, »holen auf«. Nach wenigen Wochen und Monaten waren die zuerst beobachteten Unterschiede im Verhalten und Empfinden verschwunden.

Umgekehrt gilt: Auch Eltern, die die erste Begegnung mit ihrem Baby als Magie erleben, müssen sich an eine neue Situation, eine neue Rolle, an ein neues Leben als Mutter, Vater, als Eltern und als Familie gewöhnen. Sie müssen mit diesen Veränderungen zurechtkommen und sich in ihrem neuen Leben als Familie wohl fühlen lernen. Und die Beziehung zu ihrem Baby hängt ganz stark davon ab, wie diese Anpassung gelingt.

Schritt für Schritt Eltern werden

Auf dem Weg zur Elternschaft durchlaufen Mütter und Väter verschiedene Phasen.

Die erste Zeit (bis zum 2. Lebensmonat des Kindes), die viele Mütter als Zeit höchsten Glücks mit dem neuen Baby erwarten, beschreiben Psychologen wohl realistisch nicht nur als Baby-Mutter-Flitterwochen oder Honeymoon, sondern auch als »Erschöpfungsphase trotz ersten Glücks über das Kind«. Denn die frischgebackene Mutter ist ja wirklich körperlich erschöpft von dem, was sie geleistet hat und jetzt noch immer leisten muss. Neben der drastischen Veränderung des Hormonhaushalts nach der Schwangerschaft fordern das Stillen und die Einstellung auf einen ganz anderen, vom Kind diktierten Tagesablauf, zu dem oft extremer Schlafmangel gehört, ihren Tribut.

Gemeinsam schwierige Phasen meistern!

Der Erschöpfungsphase folgt eine Zeit (meist vom 2. bis 6. Monat), in der sich Mütter und Väter zunehmend an ihre Elternrolle gewöhnen. Ihr Baby belohnt sie nun für ihren Einsatz für jeden sichtbar durch sein Lächeln, das sie einfach alle Anstrengung vergessen lässt. Zur Herausforderung werden in dieser Zeit die Veränderungen, denen die Paarbeziehung unterworfen ist. Viele junge Eltern – Mütter und Väter – beschreiben ihre Unzufriedenheit mit dem Partner. Vor allem für junge Mütter ist die neue Rolle, die sie ans Haus fesselt, eine große Umstellung. Selten gelingt in dieser Zeit die inzwischen ja von vielen Paaren geplante und erwartete »gleichberechtigte« – besser aber »gleich verteilte« – Arbeitsteilung im Haushalt und in der Versorgung des Babys.

Endlich mehr Entspannung

Aber auch diese Zeit der gegenseitigen Vorwürfe geht mit ausreichender Kompromissbereitschaft auf beiden (!) Seiten vorbei. Der Alltag spielt sich ein. Die Zeit zwischen dem sechsten und 12. Lebensmonat des Babys wird deshalb oft als »Gewöhnungsphase« bezeichnet und als eine Zeit der Entspannung und Sicherheit. Jetzt ist wirklich eine Familie entstanden.

Also: Die erste Begegnung in den Minuten nach der Geburt ist bei aller »Magie« nur ein Schritt – und nicht einmal der erste auf einem Weg, den Eltern und ihr Kind viele Jahre gemeinsam gehen werden. Die vertrauensvolle Bindung zwischen beiden ist das große Ziel des ersten Jahres (siehe Seite 124–129). Bis zum ersten Geburtstag haben sich Eltern und ihr Baby in vielen Begegnungen immer besser kennen- und verstehen gelernt – die Voraussetzung für eine gute Beziehung und eine sichere Bindung.

Eine besondere Zeit: das Wochenbett

Als Wochenbett werden die ersten acht Wochen nach der Geburt eines Kindes bezeichnet. Denn ungefähr diese Zeit benötigt der Körper der Mutter für die Heilungs- und Rückbildungsvorgänge. Außerdem dauert es einige Wochen, bis sich ihr gesamtes Hormonsystem wieder umgestellt hat. Das Wochenbett ist nicht zuletzt deshalb eine bedeutsame Phase für Mutter und Kind, da sich die beiden in Ruhe an das Stillen gewöhnen können. Nicht umsonst ist diese Zeit schon immer und in allen Kulturen eine ganz besondere Phase. Auch in Deutschland ist sie unter dem Begriff des Mutterschutzes im Sozialgesetzbuch als besonders schützenswürdige Zeit geregelt: Aus gesundheitlichen Gründen dürfen Mütter frühestens acht Wochen nach der Geburt beschäftigt werden.
Aber nicht nur medizinische Gründe machen Schonung so wichtig. Denn es geht ja nicht nur um körperliche Rückbildung. Es geht um Neuorientierung und um die

Anpassung an einen neuen Alltag. Das gelingt am besten in aller Ruhe – ohne den (selbst auferlegten) Anspruch, alles allein (und perfekt) zu schaffen, aber auch ohne die Hektik vieler (wohlgemeinter) Besuche und vor allem ohne die Notwendigkeit, möglichst schnell wieder »die Alte« zu sein. Denn eine Frau, die ein Baby geboren hat, ist nicht »die Alte«.

Die »Geburt einer Mutter«

Mit der Geburt ihres Kindes übernimmt eine Frau eine ganz neue Rolle in der neuen Familie, der Paarbeziehung und im Alltag, der sich in den nächsten Wochen und Monaten vor allem um das Baby drehen wird. Eine Zeit völlig unbekannter Erfahrungen beginnt. Eine gewaltige psychologische Umstellung steht an. Es ist – so beschreibt es der bekannte Kinderarzt T. Berry Brazelton –, als müsse die Mutter eine vollständige »Verwandlung« durchmachen, die nicht nur ihre Aktivitäten und Ansichten verändert, sondern auch ihr Selbstbild, ihre Bindungen und die Prioritäten, die sie in ihrem Leben in Zukunft setzen wird.

Der Babyblues – nicht nur die Hormone sind schuld

Eine solche »Verwandlung« ist gar nicht so einfach. Mit der Geburt ihres Babys wird auch eine Mutter geboren, und es gibt wohl keine neugeborene Mutter, die nicht gerade in den ersten Wochen ein Wechselbad der Gefühle erlebt. Phasen des höchsten Glücks werden leider allzu oft gefolgt von Zeiten, in denen eine Vielzahl von Ängsten auftauchen. Eigentlich warten schon alle darauf, auf diese Heultage nach der Geburt, die 50 bis 70 Prozent aller Frauen durchmachen.

Sie beginnen gerade dann, wenn die junge Mutter – dem eigenen Selbstverständnis nach und in den Augen von Angehörigen und Freunden – eigentlich überglücklich sein müsste. Aber plötzlich hat sie wie aus heiterem Himmel plötzlich ganz »nahe am Wasser gebaut« und fühlt sich deprimiert, leer und vor allem überfordert und voller Selbstzweifel. Manche befürchten, ihr Baby nicht gut zu versorgen oder gar, es nicht »richtig« zu lieben.

Dieser Babyblues, wie die Heultage heute oft genannt werden, wird mit der hormonellen Umstellung in Zusammenhang gebracht: Spielen die Hormone verrückt, gerät auch die Psyche aus dem Takt. Dafür sprechen die Regelmäßigkeit und der Ablauf, mit denen der Babyblues auftritt. Denn er beginnt fast immer am dritten Tag nach der Geburt, erreicht seinen Höhepunkt etwa am fünften Tag, um dann ohne jegliche therapeutische Anstrengung gegen den zehnten Tag auszuklingen.

Info

Auch Väter kann es treffen!

Es stimmt tatsächlich: Auch junge Väter leiden hin und wieder an einem solchen »Babyblues«. Bei einer Befragung in England berichteten neun Prozent von unerklärlichen Gefühlen wie Traurigkeit und Angst, von nachlassendem Interesse an Sex und Schlafstörungen in den ersten Wochen nach der Geburt ihres Kindes. Bei fünf Prozent hielten sich diese Symptome bis zu einem halben Jahr. Auch Väter erleben mit der Geburt vor allem ihres ersten Kindes einen Einschnitt, eine biographische Schwellensituation, die erst einmal verarbeitet werden muss.

Unrealistische Vorstellungen erzeugen Druck

Viele junge Mütter setzen sich in unserer Gesellschaft einem enormen Erwartungsdruck aus. Es geht ja heute nicht mehr nur einfach darum, sein Baby zu lieben. Im Grunde wird von einer Mutter heute ganz einfach erwartet, dass sie ihrem Baby, das sie nach rationalen Gesichtspunkten »geplant« hat, eine optimale Entwicklung ermöglichen wird.

Gleichzeitig haben junge Mütter selbst den Anspruch und die unrealistische Vorstellung, die Versorgung des Babys, den Haushalt und natürlich außerdem ihr soziales Leben, wie es vor der Geburt war, sofort wieder zu bewältigen, und zwar perfekt. Oft sind es diese eigenen hochgesteckten Erwartungen, die Mütter an sich und ihrer Kompetenz verzweifeln lassen. Das Bild, das sie sich von sich und ihrem Baby und ihrer neuen Rolle gemacht haben, passt oft so gar nicht zur Realität des neuen Lebens, das sich ja erst einspielen muss. Viele Frauen gestehen sich nicht ein, dass sie nicht nur körperlich, sondern auch psychisch Zeit und Ruhe brauchen, ein neues Gleichgewicht zu finden.

Was bei dieser Erklärung vergessen wird: In Kulturen, in denen den Frauen, die geboren haben, Unterstützung, Zeit und Rituale den »Übergang« zum Muttersein erleichtern, tritt der Babyblues sehr viel seltener auf als bei uns. Deshalb stellt sich doch die Frage, ob es nicht auch andere Gründe sind, die eine frischgebackene Mutter gerade in den ersten Tagen nach der Geburt, vielleicht sogar gerade dann, wenn sie voll Stolz das Krankenhaus verlässt und sich zum ersten Mal voll und ganz für ihr Baby verantwortlich fühlt, in ein vorübergehendes (!) depressives Loch stürzen.

Es ist ja tatsächlich so: Die körperliche Erschöpfung nach der Geburt, die Sorge um das Baby – nur wenige Frauen heute sind auf diesen »Schock« vorbereitet. Viele Frauen, die rückwirkend über ihre Heultage berichten, erinnern sich, dass sich ihre depressiven Selbstzweifel, Selbstvorwürfe und Ängste ganz konkret darauf bezogen, ob sie je in der Lage sein würden, richtig und angemessen für ihr Baby zu sorgen und es »richtig« zu lieben (siehe auch Kasten oben).

Ist es ein Wunder, dass viele Frauen gerade jetzt – wenn Körper und Seele eine schwierige Anpassungsleistung zu vollbringen haben – »ins Schlingern« geraten?

Glücklicherweise hält dieser Zustand nicht lange an, vor allem dann nicht, wenn seine Botschaft verstanden wird: Ich brauche Unterstützung, um mit der neuen Situation klarzukommen. Und: Mein Baby und ich – wir brauchen Ruhe und Zeit, um uns aufeinander einzustellen, uns kennenzulernen und uns zu verstehen, und zwar in ganz engem intensivem körperlichem Kontakt. Denn neuere Studien ergaben: Bei Müttern, die ihr Baby von Anfang an bei sich haben und seine körperliche Nähe spüren, ist die Wahrscheinlichkeit, dass sie in dieses »depressive Loch« fallen, sehr viel geringer.

Nähe vertreibt den Babyblues: Bedding-in

Bis heute ist es in manchen Kulturen keine Frage, dass ein Neugeborenes Tag und Nacht eng bei seiner Mutter bleibt. Bei uns hingegen war es lange Zeit üblich, das Neugeborene von der Mutter zu »entfernen«. Noch vor dreißig, vierzig Jahren wurden in den Geburtskliniken Babys nur zum Stillen und Wickeln zu ihren Müttern gebracht. Dass damals nur wenige Kinder viele Wochen oder Monate gestillt wurden und die Muttermilch oft nicht ausreichte, wundert aus heutiger Sicht überhaupt nicht: Denn nicht nur das häufige Trinken an der Brust, sondern auch die körperliche Nähe des Babys fördert Milchproduktion und Milchfluss. Erst in den 1970er Jahren akzeptierten deutsche Geburtsmediziner, dass Babys tagsüber bei der Mutter im Zimmer (»room«) bleiben durften. Das »Rooming-in« wurde möglich: Dabei liegt das Baby im Zimmer seiner Mutter – allerdings in seinem eigenen Bett.

Erst seit kurzem wird über die Vorteile diskutiert, das Neugeborene im Bett seiner Mutter zu lassen. Der Arzt und Ethnomediziner Wulf Schiefenhövel nennt das »Bedding-in« (siehe Seite 67). Er argumentiert, dass wir körperlich und seelisch durch Anpassungsvorgänge in der Evolution auf diese Nähe »programmiert« sind – im Dienste der wechselseitigen Bindung von Mutter und Kind. Und er konnte zeigen, dass junge Mütter, die ihr Baby bei sich im Bett haben durften, sehr viel seltener unter einem Babyblues litten als andere – beim Rooming-in wurde diese Wirkung nicht in solchem Maße festgestellt.

Wochenbett: siebter Himmel oder Stress?

Natürlich sind Sie glücklich – und trotzdem oft in Sorge oder sogar in heller Aufregung. Selbst wenn Sie sich in Wickelkursen und durch eine Vielzahl von Ratgebern vorbereitet haben, haben Sie aller Wahrscheinlichkeit nach bisher kaum Kontakt zu einem Baby oder auch nur »Anschauungsunterricht« bei Freundinnen oder Bekannten gehabt. Den meisten jungen Eltern fehlen heute die Hands-on-Erfahrungen mit Babys, wie Psychologen das nennen, oder anders ausgedrückt: Die wenigsten von ihnen haben je zuvor ein Baby auf den Arm genommen, getröstet oder gar umsorgt.

Es ist also durchaus normal, wenn Sie die ersten Tage und Wochen unsicher und manchmal vollkommen ratlos sind. Wahrscheinlich gibt es Stunden, in denen die Zukunft mit den vielen neuen Pflichten und der großen neuen Verantwortung Angst macht. Besonders dann, wenn schon die Gegenwart stündlich neue Probleme parat hat und möglicherweise noch die depressive Stimmung des Babyblues plötzlich jedes Zutrauen in die eigenen Fähigkeiten – und sei es nur die richtige Wickeltechnik – zunichtegemacht hat. Der Alltag mit seinen ganz normalen Anforderungen, die Sie bis eben noch mit links erledigt haben, erscheint angesichts wachsender Wäscheberge und der Unfähigkeit, wieder einmal mit frischgewaschenen Haaren und ordentlich gekleidet zum Bäcker zu gehen, eine einzige Überforderung. Und ist nicht die Aufgabe, das Baby zu stillen, es an- und auszuziehen, es zu wickeln, zu baden, zu beruhigen und schlafen zu legen – und das alles zur richtigen Zeit! – allein ein tagfüllendes Programm?

Mit der Geburt des ersten Babys beginnt ein unbekanntes Abenteuer. Plötzlich entpuppt sich vieles von dem, was Sie in den Wickelkursen gelernt oder in Ratgebern gelesen haben, erst einmal als graue Theorie.

Sie sind nicht allein!

Doch keine Sorge: Gleichgültig, ob Sie stationär oder ambulant, im Geburtshaus oder zu Hause entbunden haben – Sie haben einen Anspruch auf eine häusliche Wochenbettbetreuung. Was das heißt? Eine Hebamme besucht Sie innerhalb der ersten acht Wochen anfangs täglich, nach den ersten zehn Tagen dann nach Bedarf und Vereinbarung zu Hause und beantwortet Ihnen alle Fragen rund um Ihr neugeborenes Baby. Sie beobachtet es, sie kontrolliert seine Atmung, seine Hautfarbe und seine Verdauung. Aufgrund ihrer langen Erfahrung kann sie seine Gesamtentwicklung beurteilen. Sie weiß, was »völlig normal« ist und wo möglicherweise ein Arzt zu Rate gezogen werden sollte. Ihre Hebamme gibt Ihnen auch praktische Anleitungen, wie Sie mit Ihrem Baby umgehen, und hilft Ihnen über Anfangsschwierigkeiten beim Stillen hinweg.

Ihre Hebamme ist jedoch nicht nur für Ihr Baby da. Sie hat auch Ihre Genesung im Blick, kontrolliert die Rückbildung

Info

Auch Stillen will gelernt sein!

Lassen Sie sich von Ihrer Hebamme Tipps geben, wie Sie Ihr Baby richtig anlegen. Sie kann Ihnen zeigen, wie Sie den Suchreflex schnell ausnutzen können, um Ihrem Baby die Brustwarze in den Mund zu schieben, wie Sie mit der Hand die Milch zum Fließen bringen, wie Sie sich, Brust und Baby am besten betten. Und sie wird Sie bei Schwierigkeiten beruhigen. Mit entsprechender Unterstützung und Ermutigung können die meisten Frauen stillen, was ihnen und ihrem Baby guttut.

der Gebärmutter und die Heilung etwaiger Geburtsverletzungen. Kurz: Sie kümmert sich um Ihr Wohlbefinden und das Ihres Babys, beantwortet Ihre Fragen und steht Ihnen bei den ersten Unsicherheiten mit Rat und Tat zur Seite. Darüber hinaus kann sie Sie während der gesamten Stillzeit weiter beraten und betreuen. Zögern Sie also nicht, das Angebot der häuslichen Wochenbettbetreuung anzunehmen!

Plädoyer für eine Wochenbettkultur

Frischgebackene Mütter brauchen zuallererst ganz praktische Unterstützung in den ersten Wochen nach der Geburt – jemanden, der einkauft und kocht, der einmal die Wohnung aufräumt, die Wäsche aufhängt und einfach signalisiert: Ich mach das schon! Junge Mütter brauchen aber auch Begleitung, Beruhigung, Ermunterung und die Möglichkeit zum Austausch über die vielfältigen und oft verwirrenden Gefühle, die einfach in diesen Wochen dazugehören.

Gerade in dieser Phase der Erschöpfung, Verunsicherung und (langsamen) Anpassung fühlen sich junge Mütter heute nicht selten allein gelassen. Und sie sind es oft – auch ganz im Gegensatz zu Wöchnerinnen in der Vergangenheit (oder auch heute noch in anderen Kulturen): Die konnten sich nach der Geburt ihres Kindes auf die unterschiedlichsten »Hilfssysteme« verlassen. Selbst wenn immer mehr Väter sich voller Engagement bereit erklären, einen großen Teil der »Brutpflege« zu übernehmen, fehlt jungen Müttern die Unterstützung durch Frauen mit Erfahrung, die wissen, wie ihnen zumute ist, und die zuhören, ohne Worte verstehen, beruhigen und Sicherheit ausstrahlen. Nicht umsonst lag traditionell die Wochenbettbetreuung schon immer in den Händen von Frauen (Mütter, Großmütter, Tanten, Nachbarinnen oder »weise Frauen«), die der Wöchnerin sowohl praktisch als auch emotional den Rücken stärkten.

Heute ist es die Sache jeder einzelnen Wöchnerin, die für sie geeignete »weise Frau« zu finden, was manchmal gar nicht so einfach ist. Fast immer ist es die eigene Mutter, die als Wochenbettbetreuerin passt – sofern sie Zeit hat; viele frischgebackene Großmütter sind ja selbst noch in den Arbeitsalltag eingebunden. Schwelen jedoch zwischen Mutter und Tochter alte (und unerledigte) Konflikte, bietet sich eher eine gute Freundin an. Sie muss aber nicht nur Zeit haben, sondern auch die Situation einer jungen Mutter aus eigener Erfahrung kennen und helfen, ohne alles

besser zu wissen oder durch vermeintlich wohlmeinende Ratschläge zu verunsichern. Denn die Aufgabe einer solchen Wochenbettbetreuung ist es ja, Selbstzweifel zu reduzieren und Gelassenheit, Sicherheit und wachsendes Selbstvertrauen in die eigenen mütterlichen Fähigkeiten zu fördern.

Im Grunde brauchen also Mütter, so altmodisch dies klingen mag, die gute alte Kultur des Wochenbetts, um sich zu erholen und in Ruhe Mutter zu werden.

Also: Lassen Sie sich umsorgen, und sorgen Sie für sich, für liebevolle Unterstützung, Fürsorge und eine sichere Umgebung.

Kindbett im Dienst der Verständigung

Mütter, die sich in den ersten Tagen und Wochen auf Unterstützung durch andere verlassen können, können sich ganz – und genussvoll! – auf ihr Baby einlassen und ihre bisherigen Lebensstrategien (z. B.: Machen, Planen, Denken, Organisieren und alles möglichst schnell) erst einmal hintanstellen. So wird das Wochenbett zum Kindbett.

Mütter im Kindbett können eine Haltung zulassen, die der bekannte Kinderarzt und Psychoanalytiker Donald W. Winnicott als »primäre Mütterlichkeit« bezeichnet hat. Er meint damit ein Phänomen, das eine »neugeborene« Mutter gerade in den ersten Tagen und Wochen auf ganz besondere Weise befähigt, sich auf ihr Baby einzustellen. Die verschiedensten Hormone und Botenstoffe versetzen sie in eine emotionale Verfassung, die es ihr erleichtert, sich in die Lage des Babys hineinzuversetzen. Indem sie sich mit dem Baby, das sie umsorgt, identifiziert, kann sie die Anforderungen, die auf sie zukommen, genießen. Sie kann sich – im wahrsten Sinn des Wortes – »kümmern«, weil der »Kummer« – das Bedürfnis – ihres Babys zu ihrem eigenen geworden ist. Der körperliche Ausnahmezustand in der Zeit nach der Geburt, diese »vorübergehende Krankheit« – auch diese Bezeichnung stammt von Winnicott –, macht die Mutter besonders sensibel für die Bedürfnisse ihres Babys. Ihre körperliche Situation hilft ihr zu verstehen, was ihr Baby braucht und was es ihr sagen will.

Denn darum geht es ja in diesen ersten Tagen und Wochen nach der Geburt. Die enge Verbundenheit der Schwangerschaft, in der der Austausch ohne weiteres funktionierte, ist vorbei. Jetzt muss die Mutter die Sprache ihres Babys lernen, um zu verstehen, was es braucht. Es ist ein gewaltiges Pensum, das vor Ihnen liegt. Denn Ihr Baby hat Ihnen viel zu sagen, bevor es »richtig«, also mit Worten, sprechen kann.

Gönnen Sie sich also die achtwöchige Schonzeit des Wochenbetts. Sie ist die beste Voraussetzung für die erste Lektion in Sachen Baby-Sprachkurs.

Aber keine Angst: Obwohl Ihr Baby ohne Gebrauchsanweisung und Wörterbuch auf die Welt gekommen ist, werden Sie es verstehen. Und Ihr Baby versteht Sie – lange bevor es Ihre Sprache versteht. Denn Eltern und Baby haben glücklicherweise eine Grundausstattung mitbekommen, die es beiden von Anfang an erlaubt, miteinander in Kontakt zu treten und eine gemeinsame Sprache zu erlernen. Wäre dem nicht so – die Menschheit wäre längst ausgestorben.

Das Männerkindbett

Kennen Sie die uralte Sitte der Couvade (französisch für Männerkindbett)? Der Brauch war unter vielen der sogenannten Naturvölker verbreitet und ist es mancherorts auch heute noch. Dabei übernahm der Vater die Rolle der Kindsmutter, kümmerte sich um das Baby und kurierte mitleidend im Bett die Schwangerschaftsbeschwerden aus, während die Frau auf dem Feld arbeitete.

Bei uns gibt es so etwas nicht. Im Gegenteil: Väter sind bei uns eingeplant als der aktive Part, der leisten will und muss, was früher oft mehrere Frauen im Dorf oder in der Verwandtschaft für die »Wöchnerin« geleistet haben. Väter nehmen meist teil an Schwangerschaft und Geburt. In den Tagen und Wochen nach der Geburt ihres Kindes übernehmen manche voller Tatendrang das Umsorgen von Mutter und Kind, den Haushalt. Sie erledigen Papierkram und organisieren die Kontakte zu Verwandten und Freunden.

Was in all dieser Hektik oft verloren geht: Auch Väter wollen und müssen Vater werden. Auch sie betreten mit der Geburt ihres Babys Neuland und müssen mit all den neuen Fragen und Problemen zurechtkommen. Auch sie brauchen Zeit und Ruhe, um mit ihrem Baby in Kontakt zu treten, es kennen- und lieben zu lernen.

Hilfreiche Starterkits

Ganz schön schlau eingerichtet von der Natur: Damit Eltern und Babys sofort nach der Geburt in Kontakt treten können, sind beide mit ganz speziellen Fähigkeiten ausgestattet. Lesen Sie in diesem Kapitel, wie diese Startausrüstungen aussehen – und wie sie die ersten Begegnungen zwischen zwei sich noch fremden Wesen möglich machen.

Die »Startausrüstung« des Babys

Die meisten Eltern sind darauf vorbereitet, dass ihr Baby eine Weile brauchen wird, bis es sie erkennt, mit einem Lächeln begrüßt und wirklich Kontakt aufnimmt. Denn bis zu diesem ersten »sozialen Lächeln«, mit dem ein Baby für jeden sichtbar auf die Kontaktangebote seiner Eltern reagiert, werden mindestens drei bis sechs Wochen vergehen (siehe Seite 85). Davor befinde sich ein Baby in einer »autistischen Phase«, mehr oder weniger unempfänglich für äußere Reize – das war zumindest bis vor nicht allzu langer Zeit die landläufige und auch wissenschaftliche Meinung.

Kommunikation von Anfang an!

Was feinfühlige Eltern schon immer wussten, hat endlich in den höheren Etagen der Wissenschaft Eingang gefunden: Das neugeborene Baby ist kein unbeschriebenes Blatt, und es geht ihm nicht ausschließlich um die Stillung körperlicher Bedürfnisse, während es gegen andere äußere Reize durch eine hohe Reizschranke geschützt ist. Im Gegenteil: Die relativ junge Wissenschaftsdisziplin der Säuglingsforschung hat herausgefunden, dass ein Baby von den ersten Minuten seines Lebens an begierig ist, Kontakt aufzunehmen. Durch einfühlsame und genaue Beobachtung haben Verhaltensbiologen, Kinderärzte und Psychologen im neugeborenen Baby einen Kommunikationspartner entdeckt, der sehen, hören, fühlen und antworten kann. Sie legen deshalb Wert auf die Feststellung, dass ein Baby von Anfang an Anregungen von außen empfangen möchte und sogar dafür aktiv wird. Und sie betonen: Ein Baby bringt von Geburt an die Eigenschaften und Fähigkeiten mit, die seinen Eltern zu erkennen geben, dass Beziehung und Bindung für sein Überleben ebenso wichtig sind wie Muttermilch. Dies zeigt schon die erste Begegnung, der erste Augenblick: Ein Baby hat den Kontaktwunsch gewissermaßen in die Wiege gelegt

Die »Sprache« des Säuglings im Fokus der Wissenschaftler

Die moderne Säuglingsforschung interessiert sich nicht nur für die körperliche Entwicklung, sondern sie hat das soziale Verhalten und Erleben des Babys in den Mittelpunkt ihres Interesses gerückt. Seit einigen Jahrzehnten erst stellen sich Forscher die Frage, wie und wann Säuglinge andere Personen und sich selbst hören, sehen, verstehen und wie sie interagieren. Die Forscher untersuchten die Sprache des Säuglings, mit der er kommuniziert, bevor er in der Lage ist zu sprechen. Als einfühlsame und genaue Beobachter entdeckten sie einen »Gesprächspartner«, der sehen, hören, fühlen und antworten kann. Dieses neuentdeckte »kompetente« Baby entspricht also dem Verhalten seiner Eltern, die es von Anfang an anlächeln, im Arm wiegen und mit ihm sprechen!

bekommen, und sein »soziales Repertoire« der Kontaktaufnahme ist erstaunlich.

Der erste Schrei: ein Hilferuf

Beginnen wir mit dem Offensichtlichen: Das Baby schreit – und zwar gewöhnlich in der ersten Minute seines Daseins. Geburtshelfer und Eltern erleben in dieser Minute diesen ersten Schrei wohl immer mit Erleichterung. Er sagt ihnen: Das Baby lebt und atmet. Durch die plötzliche Ausdehnung seiner Atemwege ist Luft in seine Lunge gelangt und durch das aktive Ausatmen des Babys entsteht nun fast zwangsläufig dieser erste, physiologische Schrei. Doch geradezu sprichwörtlich wurde der Klaps auf den Po, um den ersten Schrei auszulösen. Dabei vergaß man, dass lautes und länger andauerndes Schreien schon in diesen ersten Minuten auch anders verstanden werden muss, nämlich als unmissverständlicher Ausdruck von Unwohlsein, im Fall dieses ersten Schreis möglicherweise sogar der Panik. Denn die neue helle, laute und kalte Umgebung ist wohl alles andere als geeignet, ein Baby die erste Minute seines Lebens angenehm empfinden zu lassen.

»Mir geht es schlecht«: der Ruf nach Unterstützung

Lautes Schreien ist immer ein Alarmsignal. Mit ihm drückt Ihr Baby zuerst wohl ganz unspezifisch Schmerz, Hunger, Durst, Überreiztheit, Müdigkeit, Anspannung aus. Erst später kommen dann Langeweile, Trennungsangst, Wut und Ärger dazu. Immer aber ist es ein

Hilferuf und die dringende Aufforderung, dem Baby aus seiner misslichen Lage herauszuhelfen. Babys verhalten sich dabei nicht anders als viele unserer Verwandten aus dem Tierreich, die durch einen solchen »Kontaktruf« ihre betreuenden Artgenossen herbeirufen. Und diese kommen – ebenso wie die Eltern des menschlichen Babys.

Die Reflexe: lebensnotwendig

Neben dem ersten Schrei und dem Apgar-Test, der Auskunft darüber gibt, wie Ihr Baby die Geburt überstanden hat, sind es die sogenannten primitiven Reflexe, für die Geburtshelfer sich interessieren. An ihnen erkennen sie den Stand der neurologischen Entwicklung des neugeborenen Babys, also der Entwicklung seines Gehirns und seines Nervensystems. »Primitiv« werden die Reflexe genannt, weil sie nur deshalb ausgelöst werden, da die Hirnrinde des Babys noch nicht voll ausgereift ist und deshalb die (primitiven) Stammhirnfunktionen den Takt angeben. Aber: Diese Reflexe sind nicht nur ein Zeichen für die Reife des Babys. Sie sind auch Teil eines Sicherheitsrepertoires an Verhaltensweisen, die für das Überleben des Babys notwendig sind.

Der Saugreflex

Ganz offensichtlich ist dies beim Saugreflex, der schon im Mutterleib zu beobachten war. Sie können ihn auslösen, indem Sie die Lippen Ihres Babys ganz leicht mit dem Finger berühren. Ihr Baby wird reflexartig Saugbewegungen machen.

Der Suchreflex

Ebenso deutlich zeigt der Suchreflex, was Ihr Baby von Ihnen möchte: Berühren Sie ganz leicht seine Wangen, so wird es Ihnen sein Köpfchen zuwenden, um die Brustwarze zu finden.

Der Klammerreflex

Das neugeborene Baby zeigt durch seine Reflexe auch, wie lebensnotwendig Gehalten- und Getragenwerden und enger Körperkontakt für es sind. Denn einige Reflexe outen es eindeutig als »Tragling« (siehe Seite 69 ff.). Da ist z. B. der Klammer- oder Greifreflex: Bis zum Alter von etwa drei Monaten umschließen die Finger des Babys automatisch alles, womit seine Handflächen in Berührung kommen.

Der Schreckreflex

Auch der sogenannte Moro-Reflex hat eine uralte Bedeutung. Er wird ausgelöst, wenn ein Baby über seinen Gleichgewichtssinn spürt, dass es fällt, oder wenn es durch ein plötzliches lautes Geräusch erschreckt wird. Es zeigt dann eine typische Abfolge schneller Bewegungen: Zunächst streckt der Säugling »erschrocken« (daher Schreckreflex) alle viere von sich, um dann seine Arme und Beine sofort wieder in einer Umklammerungsbewegung an den Körper heranzuführen. Dabei krümmt es den Rücken und ballt die Fäustchen, als wollte es sich an etwas festhalten. Das menschliche Baby verhält sich nicht anders als ein kleiner Affe, der sich am Fell seiner Mutter festklammert, wenn sie aufsteht und losläuft. Der große Unterschied: das Menschenbaby findet kein Fell, an dem es sich festhalten könnte …

Es ist darauf angewiesen, von seinen Eltern gehalten zu werden.

Erstes Mienenspiel

Die Frage, ob ein Baby von Anfang an über ein Repertoire an Gefühlen verfügt, ist ein großes Thema der Säuglingsforschung. Wahrscheinlich ist sein Gefühlsleben, gemessen an dem von Erwachsenen, noch recht undifferenziert. Dennoch zeigt sein Gesichtchen ein facettenreiches Mienenspiel, das entweder noch situationsunabhängig ist oder reflexartig auf bestimmte Reize hin auftritt. Mutter und Vater sehen das natürlich anders – und das ist auch gut so. Sie deuten die Mimik ihres Babys und geben ihr eine Bedeutung, die sie z. B. aus der Situation heraus »erraten«. Weil sie dies tun – und entsprechend reagieren –, wird ihr Baby nach und nach seine Gefühle immer differenzierter als bedeutungsvoll erfahren und sie mit seiner Mimik in Verbindung bringen, die seine Eltern zu diesem oder jenem Verhalten veranlasst.

Worüber sich Emotions- und Säuglingsforscher einig sind: Von Geburt an verfügen alle Babys dieser Welt über mindestens fünf Gefühle – oder besser: »Vorläufergefühle«, wie der Emotionsforscher Manfred Holodynski dies formuliert. Für sie gibt es ein angeborenes mimisches Ausdrucksverhalten, das überall auf der Welt verstanden wird. Diese »Vorläufergefühle« sorgen für einen sicheren Start:

- Stress,
- Ekel,
- Erschrecken,
- Neugier,
- Wohlbehagen.

Wer braucht hier einen Dolmetscher?

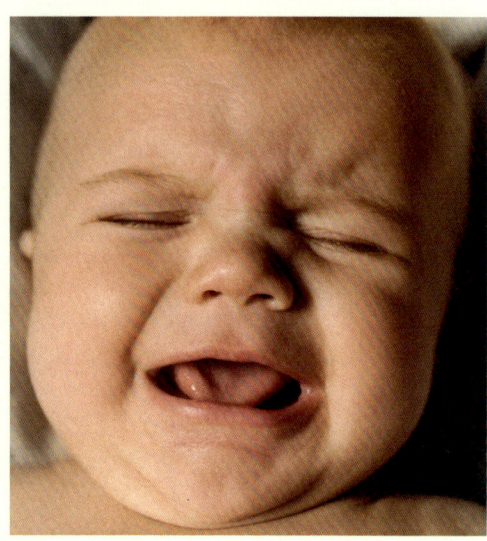

Da ist natürlich das Schreigesichtchen. Jeder weiß, es drückt Stress aus: Mir geht es nicht gut, um nicht zu sagen, fürchterlich schlecht!

Wer ein Babys zu schnell hinlegt, erkennt: Erschrecken, Furcht, Hilflosigkeit. Huch, ich falle! Gibt es nichts und niemanden, an dem ich mich festhalten kann?

Und was empfindet ein Baby, das an einem Finger mit Zitronensaft geleckt hat: Ekel. Das ist ja – im wahrsten Sinn – zum Kotzen!

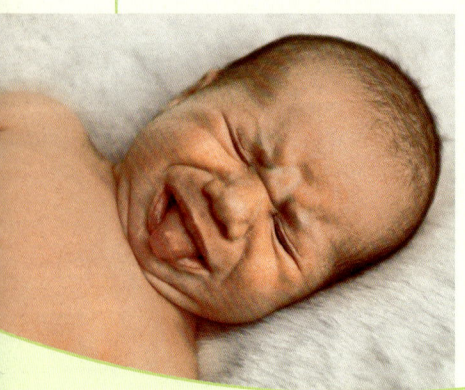

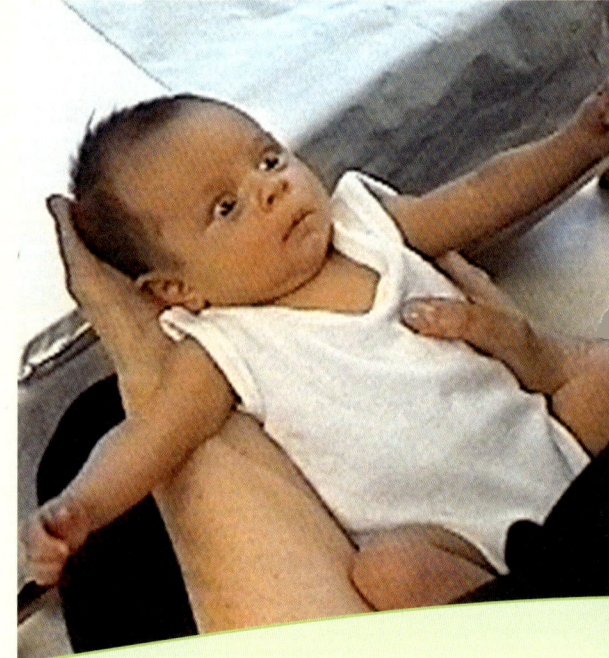

Neugier und Interesse – das zeigen Babys von Anfang an. Was gibt es Neues? Am liebsten sehe ich ja das Gesicht meiner Mutter.

Wohlbehagen ist wirklich nicht zu übersehen.

Verstehen ohne Lexikon: Engelslächeln und Co.

Keiner weiß genau, was in einem Baby vor sich geht, was etwa sein endogenes oder schöner gesagt sein Engelslächeln, wie dieses ganz frühe Lächeln auch genannt wird, bedeutet. Christian Morgenstern hat es als Dichter sicher richtig verstanden, wenn er als Ausdruck höchsten Wohlbefindens beschreibt: »selig lächelnd wie ein satter Säugling«.

Säuglingsforscher gehen heute davon aus, dass dieses Lächeln im Schlaf dann auftritt, wenn nach einer Anspannung endlich Entspannung eintritt. Auch Eltern deuten dies so und setzen alles daran, ihrem Baby dieses Gefühl zu ermöglichen.

Auch die anderen mimischen Ausdrücke bringen Eltern dazu, genau das Richtige zu tun: Wenn das Baby in der Badewanne – nur an Nacken und Rücken unterstützt – sich bodenlos fühlt und mit weitaufgerissenen Augen erschreckt Arme und Beinchen von sich wirft (Moro-Reflex), dann werden seine Eltern ihm mehr Halt geben. Sie werden es ganz vorsichtig an die neue Situation, das Schweben im Wasser und die ungewohnte Temperatur, gewöhnen. Denn sie haben verstanden – ohne ein Lexikon der Babymimik zu Rate gezogen zu haben.

Und die Eltern, die den wachen, neugierigen Blick ihres Babys entdecken, wissen: Ach so, du bist jetzt ansprechbar und wir können miteinander »spielen«.

Auf diese Idee kommen Eltern natürlich niemals, wenn sie in das Schreigesichtchen ihres Babys schauen. Das teilt ihnen mit, ohne dass irgendjemand es ihnen vorher hätte erklären müssen: Hilf mir aus meinem Stress!

Wahrnehmung der Umwelt mit allen Sinnen

Lange vor seiner Geburt haben die Sinnesorgane des Babys ihre Arbeit aufgenommen. Und schon in den ersten Minuten nach der Geburt zeigt sich ganz deutlich, dass seine Sinne nicht nur unspezifisch die Möglichkeit bieten, äußere Reize wahrzunehmen. Die Fähigkeit des Babys, zu hören, sehen, riechen, schmecken und fühlen, dient von der ersten Minute an dazu, Kontakt zur Welt aufzunehmen. Während man früher immer wieder die Beschränkungen herausstrich und damit das Bild eines neugeborenen Babys zeichnete, das durch eine Reizschranke von seiner Umwelt abgeschirmt sei, betont die moderne Säuglingsforschung den »Reizhunger« des neugeborenen Babys.

Sehen und Schauen

Am deutlichsten wird dieser Wunsch nach Kontakt beim »Gesichtssinn«. Früher nahm man an, dass Babys frühestens zwei, drei Wochen nach Geburt in der Lage seien, aktiv etwas zu betrachten. Auch das Interesse, dies zu tun, sprach man einem neugeborenen Baby ab. Natürlich sind seine Sehfähigkeiten begrenzt: Zum Beispiel ist Ihr Baby mit einer Sehschärfe von etwa 1 : 30 recht kurzsichtig. Es kann beispielsweise in etwa 30 cm Entfernung etwa 1 cm breite Streifen als solche erkennen (ein Erwachsener erkennt in dieser Entfernung Streifen, die 30-mal feiner sind). Die Augenlinsen eines neugeborenen Babys haben noch eine feste Brennweite. Das heißt: Ihre Anpassungsfähigkeit (die Akkomodationsfähigkeit) ist erst mit etwa vier Wochen so weit entwickelt, dass es Gegenstände in unterschiedlichen Entfernungen sehen kann. Sein Blickradius ist ebenfalls noch eingeschränkt, das heißt: Es kann wirklich nur das sehen, was sich direkt in seinem Blickfeld vor ihm befindet. Dabei ist es auch noch kaum in der Lage, beide Augen auf einen Gegenstand zu fokussieren. Auch der Ort des schärfsten Sehens im Augenhintergrund, von wo die Seheindrücke zum Gehirn weitergeleitet werden, ist noch nicht vollständig ausgereift. Aber das Baby hat Reflexe mitbekommen, die es ihm gestatten, einem Objekt mit dem Blick zu folgen und es mit einem Auge zu fixieren. Was es dann sieht, ist nicht nur schwarzweiß. Von Geburt an unterscheidet es Farben von Grautönen und erkennt normalerweise den Unterschied zwischen Rot und Grün. Und es kann sehen, was es sehen »will« – das heißt, was für sein Überleben wichtig ist. Denn es hat die angeborene Neigung, Reize auszuwählen.

Info

Schutz gegen zu viel Eindrücke

Die Sehfähigkeit eines Neugeborenen ist zugegebenermaßen recht eingeschränkt, unreif. Auch der Teil des Gehirns, der die Augen kontrolliert und Bilder interpretiert, und die dafür wesentlichen Verbindungen zwischen den einzelnen Nervenzellen sind erst dabei sich zu entwickeln. Aber: Was wäre, wenn dies anders wäre? Das neugeborene Baby würde bombardiert mit Eindrücken ohne die Fähigkeit, sie einzuordnen, zu verarbeiten, zu »verstehen«. Die Unreife ist so gesehen also ein Schutz gegen ein Zuviel.

Heute weiß man, dass Babys mit dem Bedürfnis und der Fähigkeit auf die Welt kommen, zu sehen und zu schauen. Die Tatsache, dass ein Baby von den ersten Minuten an über diese Fertigkeiten verfügt, legt nahe, dass es auch darauf ausgerichtet ist, sie entsprechend einzusetzen und z. B. seine Mutter zu erkennen. Tatsächlich suchen schon Neugeborene nach visuellen Reizen. Und dieser »Reizhunger« ist so groß, dass es sich sogar während des Stillens ablenken lässt, wenn etwas neues Interessantes in seinem Blickfeld auftaucht.

Punkt, Punkt, Komma, Strich ...

Neugeborene scheinen beim Schauen angeborenen Regeln zu folgen, wie es der Entwicklungspsychologe Marshall M. Haith einmal formuliert hat. Diese Regeln könnten lauten:

- Wenn du wach und aufmerksam bist, mache die Augen auf!
- Wenn es dunkel ist, suche mit den Augen die Umgebung ab, bis du hell siehst!
- Suche nach Begrenzungen in deinem Blickfeld!
- Wenn du die Begrenzungen« gefunden hast, versuche sie mit dem Blick zu überqueren!
- Richte deinen Blick in die Richtung, in der du Konturen wahrnimmst. Konzentriere dich auf Bereiche mit starken Konturen und auf deren Ränder!

Eine weitere, besonders wichtige »Regel« kann man hinzufügen:
Bleibe mit deinem Blick dort hängen, wo du eine ganz bestimmte Kombination von Konturen und Reizen vorfindest!
Diese Kombination sieht folgendermaßen aus: In einem größeren Oval befinden

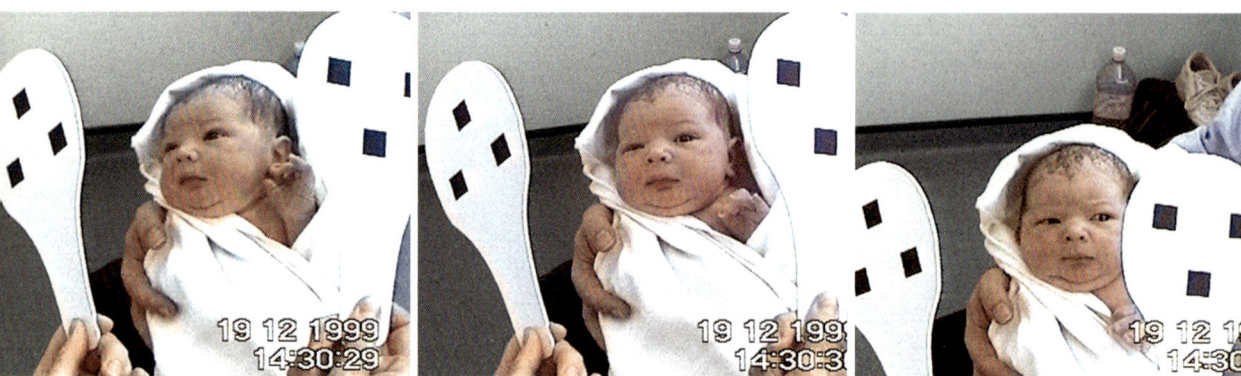

Könnte das zweite nicht Mama sein?
Das muss ich mir genauer anschauen!

sich querliegend zwei dunkle Konturen, die symmetrisch angeordnet sind, wobei die Spiegelung nicht von unten nach oben, sondern von rechts nach links stattfindet. Interessiere dich vor allem dann für ein solches Objekt, wenn du unterhalb – nicht oberhalb! – der beiden oberen dunklen Konturen eine weitere dunkle Kontur vorfindest. Ja, Sie haben es erkannt: Hier wird das menschliche Gesicht – zwei Punkte, ein schräger Strich für die Nase und ein gerader für den Mund, alles in einem Oval – als geometrische Kombination beschrieben. Diese »Reizkombination« befindet sich normalerweise in einer Entfernung von etwa 20 bis 30 Zentimetern von seinen Augen entfernt. Und was sieht das Baby dann? Es ist das Gesicht der Mutter, des Vaters, die mit ihm direkten Blickkontakt aufnehmen, die mit ihm sprechen und schäkern.

Schau mir in die Augen, Kleines

Vor allem die Augenpartie ist es, die das neugeborene Baby interessiert. Sein Abtasten mit den Augen und das Suchen nach Kontrasten wird zwar anfangs noch zu keinem Blickkontakt führen. Aber irgendwann im zweiten Monat ist es so weit. Jetzt kennen Eltern und ihr Baby nichts Schöneres, als sich in die Augen zu schauen. Es ist dieses Schauen, das viele Eltern als erste Liebeserklärung ihres Babys erleben! Und haben sie nicht recht?

Daniel N. Stern, einer der ersten und bekanntesten Säuglingsforscher, hat diesen Blickkontakt zwischen Mutter und Baby mit dem von Verliebten verglichen. Beide Paare schauen sich lange und intensiv tief in die Augen. Normalerweise dauern Blickkontakte ohne begleitendes Gespräch nie länger als sechs oder sieben Sekunden lang. Zwei Ausnahmen von dieser Regel, so schreibt Stern, sind erwachsene Liebende sowie Mütter und Babys. Nur sie können 30 bis 40 Sekunden damit verbringen, einander anzuschauen, ohne ein Wort zu wechseln.

Visueller Reiz Nummer eins für das Baby: das menschliche Gesicht

Von allen visuellen Reizen bietet das menschliche Gesicht diese Kombination von Reizen, für die das neugeborene Baby von Anfang an das größte Interesse zeigt! Hat ein Baby die »Wahl« zwischen irgendwelchen Gegenständen, also etwa einem Ball, oder geometrischen Mustern, die nicht an ein Gesicht erinnern, und einem Gesicht, wird es fast immer das menschliche Gesicht vorziehen. Die Vorliebe für dieses Gesicht – oder zumindest für seine hervorstechenden Merkmale – sind wohl in unseren Genen verschlüsselt. Ihr Baby ist von Anfang darauf programmiert, sich für andere Menschen zu interessieren. Genauer: Es hat die Voraussetzungen mitgebracht, Kontakt aufzunehmen und nach und nach individuelle, persönliche Bindungen einzugehen, und zwar Bindungen an Personen, die stärker und erfahrener sind und die es schützen und versorgen. Diese Veranlagung ist für sein Überleben ebenso wichtig wie seine Fähigkeit zu trinken. Das Interesse am menschlichen Gesicht, das jedes Baby mitbringt, ist der erste Schritt. Und es zeigt dies durch seine Mimik, die höchstes Interesse ausdrückt.

Im Übrigen: In diesen Momenten, in denen Ihr Baby seinen »Lieblingsreiz« zu Gesicht bekommt, verlangsamt sich sein Puls. Auch seine motorische Aktivität nimmt ab. Ihr Baby ist plötzlich »ganz Auge«. Es befindet sich – wie Psychologen dies nennen – in einem Zustand intensiver visueller Aufmerksamkeit und bereit zur Aufnahme und Verarbeitung der für es so wichtigen Information. Natürlich sind solche aufmerksamen Wachzustände am Anfang noch selten, und sie halten auch nur kurze Zeit an. Ihr Baby zeigt sein »Zuviel« durch Nachlassen der Aufmerksamkeit und Blickabwenden. Auch diese Möglichkeit zu regulieren, wenn die eigene Erregung zu stark ist, ist ihm in die Wiege gelegt.

Hören und Horchen

Neugeborene Babys hören gut, und dieses Hören ist mehr als ein passives Hörvermögen. Babys reagieren auf Geräusche

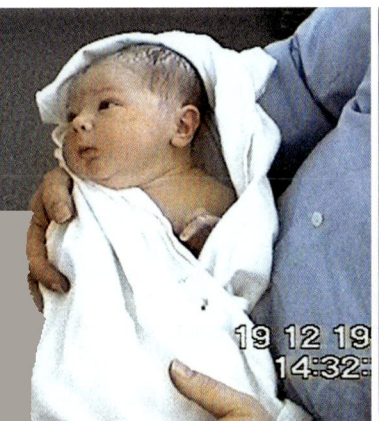 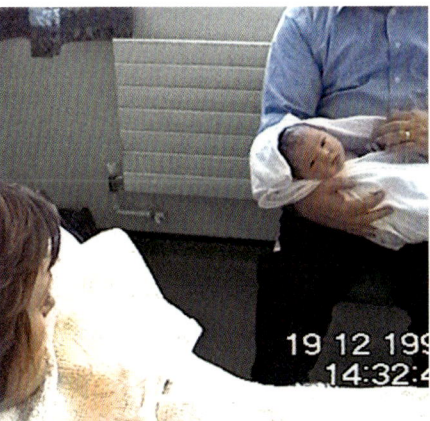 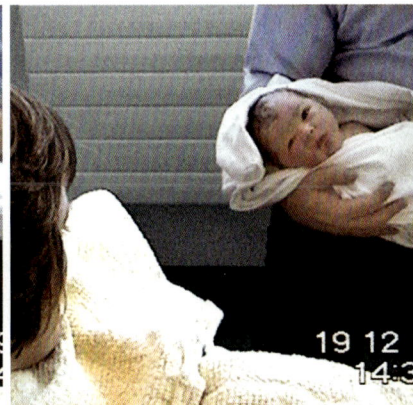

Warum ich mich – noch keine halbe Stunde alt – von Papa abwende? Ich habe Mamas Stimme gehört!

Info

Mama ist die Beste

In einem Versuch wurde zwei Tage alten Neugeborenen eine Geschichte sowohl von der Mutter als auch von einer fremden Frau vorgelesen. Jedes Baby schien die Geschichte lieber zu mögen (es hörte länger zu), wenn seine Mutter die Vorleserin war. Und – so das Ergebnis eines anderen Experiments – es zeigte das größte Interesse, wenn es diese Geschichte schon aus seiner vorgeburtlichen Zeit kannte.

oder eine Stimme, indem sie mit den Augen oder sogar der Drehung des Kopfes nach der Geräuschquelle suchen und zeigen, dass sie in der Lage sind, Geräusche zu orten. Dabei haben sie eine deutliche Vorliebe für die menschliche Stimme. Ist sie zu hören, dreht schon ein neugeborenes Baby den Kopf in die Richtung, aus der sie kommt, auch wenn eben noch ein anderes Geräusch, etwa das einer Rassel, sein Interesse gefesselt hat. Am liebsten mögen Babys offenbar eine weibliche, also hohe Stimme und besonders die ihnen schon lange vertraute Stimme ihrer Mutter. Babys reagieren auf menschliche Ansprache mit dem ganzen Körper – ein Zeichen dafür, dass sie darauf programmiert sind, auf die menschliche Sprache zu antworten. Denn andere Geräusche lösen solche Reaktionen nicht aus. Auch hier wird also deutlich, dass Babys mit ganz bestimmten Erwartungen auf die Welt kommen, denen ihre Umwelt auch tatsächlich entspricht. Was passiert, wenn sie dies nicht tut, hat das vielzitierte Experiment des Kaisers Friedrich II. im

13. Jahrhundert gezeigt, bei dem Babys zwar körperlich wohl versorgt, jedoch ohne jegliche Ansprache durch Menschen aufwachsen sollten. Das Ergebnis war verheerend: Die Kinder starben, bevor sie ein einziges Wort gesprochen hatten.

Schmecken und Riechen

Neugeborene haben einen hochentwickelten Geruchs- und Geschmackssinn. Sie können süß und salzig, sauer und bitter unterscheiden. Ihr Verhalten und ihr Gesichtsausdruck zeigen eindeutig: Süß schmeckt besser als salzig und sauer, bitter ist schrecklich und muss ausgespuckt werden.

Babys unterscheiden sogar verschiedene Arten von Süße. Saccharose schmeckt ihnen weitaus besser als Glukose. Auch ziehen sie süße Gerüche eindeutig allen anderen Gerüchen vor, und sie verziehen angewidert das Gesicht, wenn man ihnen etwa den Geruch fauler Eier zumutet. Obwohl sie kurze Zeit auf der Welt sind, reagieren sie so wie wir Erwachsenen auf die Umwelt.

Binnen weniger Tage sind sie in der Lage, den Geruch »ihrer« Muttermilch von dem einer anderen Muttermilch zu unterscheiden. Jetzt reagieren sie auch auf dem Arm ihrer Mutter sehr viel ausgeprägter mit dem Suchverhalten, das ihnen hilft, die Mutterbrust zu finden, als auf dem Arm ihres Vaters.

Spüren und Empfinden

Lange nahm man an, Neugeborene empfänden keinen Schmerz. Doch inzwischen weiß man: Sie empfinden Schmerz von Anfang an. Allerdings geht man davon aus, dass ihr Schmerzempfinden während oder kurz nach der Geburt vorübergehend gedrosselt ist. Die reizempfindenden Nervenendigungen in der Haut eines neugeborenen Babys sind ebenso zahlreich und genauso entwickelt wie die eines Erwachsenen. Mehr noch: Die Gehirnanteile, die das Empfinden steuern, gehören zu den am weitesten entwickelten Arealen im Gehirn des Neugeborenen. Die Haut als Organ des Tastsinns lässt Ihr Baby von Anfang an Wärme und Kälte, Druck, Schmerz und Bewegung empfinden. Mit sichtbarem Wohlbefinden reagiert das Neugeborene auf alles, was ihm schon vor seiner Geburt Sicherheit und Schutz geboten hat: Es erkennt mit dem ganzen Körper die Wärme seiner Mutter wieder, spürt ihren gleichmäßigen Herzschlag und das Wiegen ihrer Bewegungen. Schon das Neugeborene ist fähig, sich als Antwort auf die berührende Hand eines Erwachsenen zu ent- oder sich zu verspannen. Es kann zusammenzucken oder sich hineinschmiegen in die Hand, die Armbeuge des Erwachsenen und so zeigen, ob ihm die Berührung angenehm oder unangenehm ist.

Und vom ersten Moment an können Babys durch intensiven Körperkontakt beruhigt werden. Ein Baby unterscheidet die Berührung verschiedener Körperregionen. Es spürt, wie es gehalten wird und wie sich die Wärme und Muskelspannung seiner Eltern anfühlen, die es berühren, halten, tragen und streicheln. Für Mutter, Vater und Kind wird so die Berührung zum ersten Kommunikationsmittel. Der Körperkontakt wird zum Mitteilungssystem, dessen Sprache von allen Beteiligten nach und nach immer besser gelernt wird.

Mit allen Sinnen wahrnehmen – und wiedererkennen

Ein Baby kann also sehen, hören, fühlen, schmecken und riechen, und es nimmt durch seinen Gleichgewichtssinn wahr. Das Erstaunliche: Es muss nicht erst lernen, diese ganz unterschiedlichen Sinneseindrücke zu verknüpfen.

Ein etwas merkwürdig anmutender Versuch hat dies gezeigt: Babys schauten einen Schnuller mit Noppen, an dem sie – ohne ihn dabei zu sehen – genuckelt hatten, sehr viel länger an als einen glatten Schnuller, an dem sie nicht genuckelt hatten. Damit zeigten sie, dass sie die Noppen, die sie mit der Zunge gespürt hatten, mit den Augen wiedererkannten. Was man damit beweisen wollte: Babys sind in der Lage zur sogenannten kreuzmodalen Wahrnehmung. Das heißt: Sie können verschiedene Wahrnehmungen zu einem Ganzen zusammensetzen oder als Teile eines ganzen Eindrucks erkennen.

»Ganzheitliche« Wahrnehmung

Das bedeutet: Was ein Baby erfasst, nimmt es auf allen Kanälen, in allen Modalitäten wahr, zerlegt die Eindrücke nicht in verschiedene Sinnesqualitäten und muss sie deshalb auch nicht wieder zusammensetzen. Dabei scheint es ihm im wahrsten Sinn des Wortes gleichgültig zu sein, mit welchem seiner Sinnesorgane es etwas wahrnimmt und in welchem Bereich seiner Erlebniswelt seine Erfahrungen auftreten.

Anders gesagt: Ein Baby nimmt seine Umwelt – um einen überstrapazierten Begriff nicht ganz korrekt zu verwenden – »ganzheitlich« wahr. Es verbindet

z. B. das eigene Saugen mit seinem Gefühl der Sättigung und Geborgenheit, mit der Wärme der Mutter, mit ihrem unverwechselbaren Geruch, dem Geschmack ihrer Milch, einer lang bekannten Stimme, einem vertrauten Rhythmus und den dazugehörigen Bewegungen und Berührungen. Das Baby hat in diesem Fall seine Mutter als Inbegriff all dieser einzelnen Bestandteile erfahren.

Lernen

Auch die Fähigkeiten, die zum Lernen notwendig sind, bringt jedes Kind mit auf die Welt. Selbst seine Reflexe, also seine automatischen Reaktionen auf äußere Reize, sind sofort durch Lernerfahrungen beeinflussbar. Das Baby lernt z. B., wie es am besten zur Milch seiner Mutter kommt, indem es auf der Grundlage des Saugreflexes die Form seines Mundes der Brustwarze seiner Mutter anpasst. Bald genügen andere unspezifische Reize, z. B. das Hochheben oder der Geruch der vollen Brust, um ein Saugen auszulösen. In einer Untersuchung zur Lernfähigkeit zeigten Babys, die gerade eine Woche alt waren, dass sie durch eine Belohnung mit Zuckerwasser eine Kopfdrehung nach links erlernen konnten. In den Begriffen der Lerntheorie: Konditionierung und Verstärkung (Belohnung) spielen von Geburt an eine bedeutende Rolle.

Ihr Baby erinnert sich

Ihr Baby hat auch die Fähigkeit, sich zu erinnern, eine Grundvoraussetzung des Lernens. Ab der zweiten Lebenswoche schauen Babys das Gesicht ihrer Mutter länger an als das einer fremden Frau. Innerhalb des ersten Lebensmonats schaffen sie es – dies haben Versuche über das Gedächtnis von Babys gezeigt –, sich über 24 Stunden lang an Laute und Gesichtseindrücke, etwa die Stimme oder den Geruch der Mutter, zu erinnern, wenn diese vorher immer und immer wieder aufgetaucht waren. Das Baby kann Wahrnehmungen nach Prinzipien wie »das kenne ich, das nicht« strukturieren und damit auch die Welt einteilen in familiär-vertraut und fremd. Wenn ein Säugling den Kopf dreht, wie um nach der Brust zu suchen, weil es die Schritte seiner Mutter hört, ist das schon mehr als eine einfache Konditionierung. Er hat – das zeigt diese Bewegung – verschiedene Ereignisse verknüpft: den Schritt und die Stimme seiner Mutter mit der kommenden Berührung und dem Angebot der Brust. Und eng verbunden sind damit das Gefühl des lustvollen Saugens, eines wohlig vollen Magens und die vielen Blickkontakte, die zwischen ihm und seiner Mutter hin- und hergehen. Das Baby zeigt damit, dass es aus einer Erfahrung Schlüsse ziehen und Erwartungen ausbilden kann.

»Imitieren« – motorische Mimikry

Und Ihr Baby kann imitieren. Dies ist wohl die erstaunlichste Fähigkeit, die Ihr Baby von Geburt an mitbringt. Ein neugeborenes Baby, das in richtig gewähltem Abstand ein Gesicht vor sich sieht, richtet seinen Blick auf Augen und Mund dieses Gesichts und beobachtet das Mienenspiel seines Gegenübers. Und

Erstaunlich: Schon wenige Tage nach der Geburt imitiert das Baby seine Mutter.

dann beginnt es – wenige Stunden nach der Geburt – dieses nachzuahmen. Das Erstaunliche dabei ist: Ihr Baby scheint von Anfang an dafür ausgerüstet zu sein, sich und andere als ähnlich zu erleben. Es »weiß«, dass es im Grunde genommen so ist wie Sie, lange bevor es Sie und sich selbst als zwei getrennte Personen erkennen kann. Und es wendet dieses »Wissen« an: Ihr Baby öffnet mit einiger Zeitverzögerung den Mund, wenn Sie es ihm vormachen. Es spitzt die Lippen, wenn Sie die Lippen spitzen, und streckt seine Zunge heraus, wenn Sie das tun. Schon zwei Tage alte Babys können fröhliche, traurige und überraschte Gesichtsausdrücke nachmachen – und dies lange bevor sie wissen, wie sich Fröhlichkeit, Traurigkeit und Überraschung anfühlen. Sie imitieren den gesehenen Gesichtsausdruck, ohne sich selbst dabei anschauen zu können, um zu vergleichen. Sie imitieren, ohne jegliche Vorstellung davon zu haben, was sie tun. In wenigen Tagen wird es Ihre Mundbewegungen beim Sprechen und später auch Töne nachmachen, mit denen Sie sich mit ihm »unterhalten«. Tatsächlich sind Töne, Grimassen und Bewegungen, die »sprechen«, besonders nachahmenswert, das heißt: mimische, gestische und lautliche Ausdrücke, die für die emotionale und sprachliche Verständigung einmal wichtig werden. Und wer genau hinsieht, hat den Eindruck: Mein Baby ist wirklich bemüht, als wolle es mir zeigen:

Spiegelneurone: neurobiologische Basis für die frühe Kommunikation

Neurobiologen versuchen derzeit, dieser fast unglaublichen Leistung eines neugeborenen Babys – der Fähigkeit zu imitieren – auf die Spur zu kommen. Hinweise fanden sie in den sogenannten Spiegelnervenzellen oder Spiegelneurone. Das sind Nervenzellen im Gehirn, die »feuern«, wenn wir einen anderen Menschen bei einer Tätigkeit beobachten. Sie aktivieren damit die Nervenzellen, die wir brauchen, um das eben Beobachtete selbst auszuführen. Damit begünstigen sie eine spontane Tendenz, den anderen zu imitieren.

Dieses System der Spiegelneurone ist – so nimmt man heute an – die neurobiologische Basis dafür, dass ein Baby in den ersten Minuten nach seiner Geburt die Mimik seines Gegenübers nachahmen kann. Sie gehören zum »Starterkit«, der Grundausstattung, die das Baby mitbringt, um mit seinen Betreuungspersonen von Anfang an in einen Austausch zu treten.

Das Wichtigste bist du! Mit dir will ich zusammen sein. Und Sie? Natürlich nehmen Sie diese Liebeserklärung an. Und zwar in derselben Sprache. Denn auch Sie sind ausgestattet mit einem Rüstzeug, das Ihnen erlaubt, mit Ihrem Baby in Kontakt zu treten, und zwar genau so, dass es Sie versteht.

Die »Startausrüstung« der Eltern

Bis vor nicht allzu langer Zeit wurde einem neugeborenen Baby noch jedes Interesse für und jede Kommunikationsmöglichkeit mit seiner Umwelt abgesprochen. Mütter verhielten sich glücklicherweise aber schon immer unbewusst ganz anders, als es der wissenschaftlichen, landläufigen – und vielleicht sogar ihrer eigenen bewussten – Vorstellung von den Kompetenzen eines Neugeborenen entsprach. Das Baby selbst motivierte sie dazu.

Ohne bewusste Aufmerksamkeit reagiert eine Mutter auf die Signale ihres Babys, wie z. B. sein Wachstum in ihrem Bauch, seine Geburt, sein Saugen, seine Berührungen, seinen Duft, den kleinen warmen Körper und sein Aussehen. Von der »primären Mütterlichkeit«, wie sie Winnicott beschreibt, haben wir schon gehört. Seine Beobachtung wird durch die Neurobiologie bestätigt: Durch neurochemische Vorgänge im Zusammenhang mit Schwangerschaft, Geburt und engem Kontakt mit dem Baby entstehen – nicht anders als bei unseren Säugetierverwandten im Tierreich – neue »Verdrahtungen« im mütterlichen Gehirn

mit dem Ziel, ein »Muttergehirn« zu schaffen, das höchst aufmerksam, beschützend und umsorgend das Wachsen und Gedeihen des Babys sichert.

Aber nicht nur Mütter können sich auf diese biologische Grundausstattung verlassen. Auch Väter, Adoptiveltern und Frauen, die selbst nie schwanger waren, können sich nach täglichem engem Kontakt mit einem Baby wie eine biologische Mutter verhalten. Die körperlichen Signale des Babys lassen auch in ihren Gehirnen neue neurochemische Übertragungswege entstehen: So kommt es zur »Verschaltung für Mutterverhalten«, wie es die amerikanische Neurobiologin und Neuropsychiaterin Louann Brizendine formuliert hat.

Auch hier spielen Hormone die entscheidende Rolle. Tatsächlich konnte bei Männern, die Vater geworden waren, in den ersten Wochen nach der Geburt ein sinkender Testosteronspiegel gemessen werden, wohingegen ihr Östrogenspiegel anstieg.

Babys wecken Bemutterungsinstinkte

Im Grunde genommen reagieren Menschen auf ein Baby mit einer Haltung, die nichts anderes ist als der Beweis für ein instinktives »Bemutterungs- und Kontaktprogramm«. Denn wer kennt nicht die Situation: Wir sehen ein kleines Kätzchen, einen Welpen, ein Baby – und fast automatisch fallen uns Wörter wie »goldig«, »süß«, »niedlich« … ein, Wörter, die ein ganz bestimmtes Gefühl in uns ausdrücken. Das Gefühl selbst ist schwer zu beschreiben. Ziemlich sicher verhindert es jedoch, dass wir gerade diesem »süßen Etwas« Schaden zufügen. Im Gegenteil: Das Baby löst in uns eher Schutz- und Bemutterungsimpulse aus – und zwar durch sein typisches Aussehen, die großen Augen unter vorgewölbter Stirn, die kurze Nase und die runden Wangen.

Nicht nur Mütter nehmen Kontakt auf

Dieser Wirkung des sogenannten Kindchenschemas, das sich ja auch die Werbung zunutze macht (denken Sie nur an die vielen Babys und Tierbabys, mit denen Produkte von Brillen bis zu Haushaltsreinigern verkauft werden), verfallen (fast) alle: Kinder im Vorschulalter, Jugendliche – weibliche besonders, aber auch männliche –, natürlich werdende Mütter und Väter, aber auch werdende Großeltern, so haben Studien ergeben. Es besteht also eine allgemeine Bereitschaft, sich Babys gegenüber fürsorglich zu verhalten, mit der Tendenz, diese noch zu steigern, wenn das Thema dran ist, also in der Pubertät mit dem Beginn der Geschlechtsreife und in Zeiten der Elternschaft, aber auch Großelternschaft. Und jeder von uns beginnt, auf eine für Unbeteiligte äußerst merkwürdige Art und Weise Kontakt aufzunehmen. Unsere eigenen angeborenen Fähigkeiten lassen uns intuitiv das Richtige tun, um sich einem Baby zu nähern.

Dabei zeigen wir bestimmte Verhaltensweisen, die nichts anderes sind als das passende Gegenstück zur Kontakterwartung und -aufnahme des Babys und zu seinen Möglichkeiten, Kontaktangebote wahrzunehmen, zu verstehen und selbst aktiv Kontakt aufzunehmen.

Notruf angekommen

Die effektivste, da unüberhörbare Form der Kontaktaufnahme eines Babys ist natürlich sein Kontaktruf oder besser Kontaktschrei, eine von Geburt an vorhandene wirkungsvolle kommunikative Fähigkeit. Das angeborene Lautmuster mit eindringlichen Frequenzen und einer besonderen zeitlichen Strukturiertheit wirkt immer (siehe Seite 28). Alle – nicht nur Mütter – fühlen sich angesprochen. Groß und Klein, Alt und Jung sind förmlich alarmiert, wenn in ihrer Nähe ein Säugling schreit.

Denn wir sind so programmiert, dass wir Babyschreie unerträglich finden. Besonders stark wirkt das Schreien, wenn es von unserem eigenen Kind kommt. Der Blutdruck steigt, das Herz klopft schneller, wir kommen förmlich ins Schwitzen – und wollen deshalb möglichst schnell Abhilfe schaffen – ein wunderbarer Trick der Natur. Denn ein Baby schreit nicht ohne Grund. Es signalisiert: Ich brauche Hilfe!

Flirten

Aber nicht nur auf das Schreien reagieren wir. Wer Menschen dabei beobachtet, wie sie mit einem Baby in Kontakt treten, wird überall in der Welt Ähnliches beobachten: Gibt man einem Erwachsenen ein Baby in den Arm, so wird er fast hundertprozentig versuchen, mit ihm Blickkontakt aufzunehmen, und zwar aus einer Entfernung von etwa 20 bis 30 Zentimetern. Er bietet also sein Gesicht dem Baby in genau der Entfernung an, in der das Baby

Frühes Flirten – am besten im Abstand von 20 bis 30 cm.

boten eines Babys innerhalb von etwa 0,8 Sekunden antworten – der optimale Zeitrahmen, in dem ein Baby eine Verbindung zwischen dem eigenen Signal und der Reaktion darauf wahrnehmen und als Antwort empfinden kann.

Ammensprache – das Esperanto, das jeder beherrscht

Natürlich wird der Erwachsene auch mit dem Baby sprechen – und zwar in einer Sprache, die alle Babys der Welt verstehen, auch wenn er vorher herablassend darüber gelächelt hat. Vor allem der Frequenzumfang ist international. Er umfasst – so haben Sprachforscher festgestellt – zwei Oktaven mit über 20 Halbtönen, zum Vergleich: Die »normale« Sprechweise umfasst nur etwa sieben Halbtöne. In dieser Variationsbreite »singen« Eltern überall auf dieser Welt ähnliche Melodien, um ihr Baby anzuregen, zu beruhigen, zu warnen, aufzumuntern und um mit ihm ins Gespräch zu kommen.

Auch Sie können diese »Weltsprache« sprechen, ohne sie jemals richtig gelernt zu haben. Ganz intuitiv werden Sie die sogenannte Ammensprache oder – wie sie heute auch oft in Deutschland heißt – die »Motherese« verwenden. Wenn Sie mit Ihrem Baby sprechen, wird Ihre Stimme automatisch höher. Sie sprechen langsamer, mit vielen Übertreibungen und langen Vokalen. Ohne es bewusst gelernt zu haben, verwenden Sie beispielsweise ein ansteigendes Ja, um Ihr Baby aufzumuntern, ein helles Ja mit abfallender Stimme, um es zu bestätigen, und ein tiefes Ja mit fallender

Dinge erkennt. Er schaut ihm direkt ins Gesicht, versucht, mit seinem Blick den Blick des Babys einzufangen. Sein Verhalten passt also genau zum angeborenen Interesse des Babys für das menschliche Gesicht, das sich ihm zuwendet. Und dann »funkt« es – und zwar automatisch, ohne dass je die Person, die sich liebevoll einem Baby genähert hat, den Grund dafür hätte angeben können. Gerade in dem Augenblick, wenn der Blickkontakt hergestellt ist, wenn sich die Blicke »berühren«, geschieht Merkwürdiges in seinem Gesicht: Die Augenbrauen des Erwachsenen heben sich, sein Mund öffnet sich, und sein Blick wird intensiver und versucht, den Blick des Babys zu fesseln …

Er wird die Augen weit aufreißen und sich mit überbetonter, verlangsamter und vereinfachter Mimik dem Baby verständlich machen.

Er wird seine Reaktionen auf die Reaktionsgeschwindigkeit des Babys abpassen und auf die Signale und Gesprächsange-

Melodik, um es zu trösten. Sie verwenden kurze, einfache Sätze mit vielen Pausen, um immer wieder dasselbe zu sagen. Und Sie sprechen mit Ihrem Gesicht: mit den Augen, den Augenbrauen und der ganzen Mundpartie. Sie zeigen sich erstaunt, positiv überrascht mit weit geöffneten Augen, hochgezogenen Augenbrauen und bieten Ihr Gesicht immer wieder durch die Bewegung Ihres Kopfes an. Und Sie tun damit das, was Ihr Baby interessiert und worauf es antworten kann. Denn Sie »wissen« intuitiv, worauf es anspricht.

Folgen Sie also Ihrem Impuls, und sprechen Sie mit Ihrem Baby, wie Ihnen der (Ammen-)Schnabel gewachsen ist. Und Ihr Baby wird Ihnen antworten. Hört es Ihre Stimme, ist es im wahrsten Sinn des Wortes ganz Ohr.

Spieglein, Spieglein an der Wand

Und weiter? Sie werden über sich selbst staunen. Denn Sie werden ganz ungewöhnliche Dinge tun, nur weil Ihr Baby sie macht: z. B. die Nase rümpfen, die Augenbrauen hochziehen und gähnen oder die Stirne runzeln und ganz, ganz »böse« gucken. Denn ebenso wie Ihr Baby Ihre Mimik nachmacht, haben auch Sie die intuitive Tendenz, Ihr Baby zu imitieren: Sie übernehmen seinen Gesichtsausdruck, Sie wiederholen die Töne, die es von sich gibt – kurz: Sie spiegeln ihm zurück, was es Ihnen »erzählt«.

Dieses Verhalten – so vermutet man heute – ist ebenfalls den oben beschriebenen Spiegelnervenzellen (siehe Kasten Seite 39) zu verdanken. Sie sind es, die es den Eltern ermöglichen, zu erahnen, was in ihrem Baby vor sich geht. Die Spiegelnervenzellen »spiegeln« beim Nachahmen in ihrem Gehirn gewissermaßen, was das Baby bei seinen Aktionen empfindet: die Voraussetzung für passende Reaktionen.

Und nicht nur das! Denn Sie als Eltern spiegeln ja nicht nur. Sie geben Ihrer Mimik und Gestik eine Bedeutung und führen dadurch Ihrem Baby seine eigenen Aktivitäten und seine Befindlichkeit vor. Dadurch signalisieren Sie Ihrem Baby, lange bevor es sich selbst versteht, dass Sie es verstanden haben.

Und Sie tun es, ohne eigentlich zu wissen, was sie tun und warum. Das ist auch nicht wichtig! Wichtig ist allein, dass Ihr Baby spürt: Ich werde verstanden. Und dass es sich auf diese Weise nach und nach selbst verstehen lernt. Obwohl sich Ihr neugeborenes Baby noch lange nicht als eigene Person und als Gegenüber eines anderen erlebt, entsteht in ihm durch das Spiegeln seiner Eltern ein erstes Grundgefühl sozialer Verbundenheit.

Das Geheimnis der elterlichen Intuition

Die elterliche Startausrüstung wird heute oft als »intuitive elterliche Kompetenz« bezeichnet. Dieser Ausdruck stammt von Hanuš und Mechthild Papoušek, die sich Jahrzehnte mit der Beziehung zwischen Eltern und ihrem Baby beschäftigt haben.

In vielen Gesprächen, Untersuchungen und Studien sind sie der Frage nachgegangen, wie es Eltern gelingt, ihr Baby intuitiv – also ohne nachzudenken und ohne es bewusst gelernt zu haben – zu verstehen. Sie konnten zeigen, dass Eltern Fähigkeiten – Kompetenzen – haben, die sie quasi von Natur aus mitbringen und die es ihnen erlauben, automatisch das Richtige für ihr Baby zu tun, und zwar innerhalb von Bruchteilen von Sekunden, nachdem sie verstanden haben, was immer ihr Baby in seiner Sprache gesagt haben mag. Ohne zu wissen, wie oder warum, passen sie sich den Möglichkeiten ihres Babys in ihrer Mimik und Gestik, im Tonfall ihrer Stimme und in der Geschwindigkeit, im Rhythmus und in der Intensität ihrer Bewegungen an. Sie wissen intuitiv, wie sie ihr Baby beruhigen und wann und wie sie es anregen können. Sie können ihre Anregungen zugleich so dosieren, dass sie der Aufnahmebereitschaft und Belastbarkeit ihres Babys entsprechen.

Dieses Baby weiß: Ich werde verstanden – und fühlt sich wohl.

Feinfühligkeit und Bindung: der Schlüssel zum Glück

Eltern besitzen Antennen, die es ihnen ermöglichen, die Signale ihres Babys wahrzunehmen. Sie verstehen seine Sprache und reagieren darauf, ohne lange zu überlegen, und zwar so, dass es genau für ihr Baby »passt«, weil sie sich in ihr Baby einfühlen können. Man spricht seit Mary Ainsworth, einer kanadischen Psychologin, die in den 1960er Jahren die Beziehung zwischen Babys und ihren Eltern in den unterschiedlichsten Ländern untersucht hat, auch von Feinfühligkeit, wenn man diese Fähigkeit der Eltern benennen will. Feinfühligkeit bedeutet in diesem Zusammenhang, die Signale des Babys wahrzunehmen, sie richtig zu interpretieren und prompt und angemessen darauf zu reagieren (vgl. auch Kasten unten).

Ohne eine solche Feinfühligkeit könnte wohl kein Baby gedeihen. Sie ist die Voraussetzung dafür, dass aus der Kontakterwartung eines neugeborenen Babys im Laufe der Zeit zunächst ein Dialog und dann eine sichere Bindung werden kann. Und die wiederum ist die Grundlage der weiteren sozialen Entwicklung des Kindes. Diese Bindung entsteht in den ersten 12 bis 18 Monaten, weil Eltern und Baby die Ausstattung dafür mitbekommen haben – überall auf der Welt. Ab Seite 124 erfahren Sie noch mehr über diese besondere Bindung.

Gutes Gelingen!

Die Psychologin Mary Ainsworth und nach ihr viele Bindungsforscher, die die Feinfühligkeit der Eltern als eine ganz wichtige Voraussetzung für eine sichere Bindung betonen, haben versucht, die Merkmale dieser Feinfühligkeit genauer zu beschreiben. Feinfühlige Eltern – so haben sie beobachtet –,

- nehmen die Signale ihres Babys wahr,
- interpretieren sie richtig und
- reagieren darauf prompt und
- angemessen.

Was heißt das? Um Ihr Baby richtig zu verstehen, müssen Sie erst einmal vor allem aufmerksam und mit Herz und Verstand bei der Sache, nein, besser bei Ihrem Baby sein!

Ihre Intuition, Ihr Wissen und immer mehr auch Ihre Erfahrung als Mutter und Vater helfen Ihnen zu verstehen, was es Ihnen sagen will. Und dann, wenn Sie verstanden haben? Reagieren Sie schnell! Ihr Baby kann nicht warten. Es hat ja keinen Begriff von Zeit, von jetzt und später, vorher und nachher. Jedes Bedürfnis, jedes Unbehagen ist jetzt überwältigend. Erst die Erfahrung vieler, vieler passender Antworten lehrt es, Vertrauen in Sie, seine Eltern, und in die Welt zu entwickeln. Außerdem: Nur eine prompte Antwort lässt es überhaupt die Erfahrung machen, dass es einen Zusammenhang zwischen seiner Äußerung und der Reaktion seiner Eltern gibt, dass Ihr Verhalten eine Antwort ist.

Lernen Sie Ihr Baby kennen

Alle Babys sind verschieden. Von Anfang an. Vielleicht haben Sie ein aktives Babys erwartet, und nun schläft es die meiste Zeit. Oder es ist viel agiler, als Sie es sich vorgestellt haben. Verabschieden Sie sich von den Vorstellungen, die Sie hatten. Lernen Sie Ihr einzigartiges Baby kennen und verstehen – und akzeptieren Sie es. Dann klappt's auch mit der Kommunikation.

Jedes Baby »tickt« anders

Wenn Sie Ihr Baby im Krankenhaus zur Welt gebracht haben, werden Sie schon entdeckt haben: Manche Neugeborene zappeln ständig, andere liegen still in ihrem Bettchen. Manche Babys schlafen relativ viel und regelmäßig, andere wachen in ganz unregelmäßigen Abständen auf. Die einen trinken von Anfang an gierig und scheinen ständig Hunger zu haben; die anderen müssen zum Stillen geweckt werden und sind dann auch noch schwer zu motivieren, überhaupt zu saugen.

Schon in den ersten Tagen unterscheiden sich Babys in ihren Ess- und Schlafgewohnheiten. Sie unterscheiden sich im Ausmaß ihrer Energie, in der Zeit und in der Ausdauer ihres Schreiens. Sie sind unterschiedlich in ihrer Sensibilität gegenüber Außenreizen: Manche Babys scheinen von Geburt an durch nichts aus der Ruhe zu bringen zu sein, während andere sich bei kleinsten Veränderung »aufregen«, schlechter trinken und unruhiger schlafen. Diese »Sensibelchen« sind oft auch besonders lärm- oder lichtempfindlich.

Aber nicht nur das: Insgesamt »dünnhäutiger«, spüren sie sehr viel schneller, wie es Mutter und Vater geht, und reagieren darauf wie ein Seismograph. Und nicht zuletzt: Manche Babys zeigen insgesamt ein sonniges Gemüt, während andere auf ihre Eltern ständig schlecht gelaunt wirken, so viel Mühe sich ihre Eltern auch mit ihnen geben. Kurz: Babys unterscheiden sich – und zwar von Anfang an.

Das mag ich – das mag ich nicht

Babys haben zudem von Anfang an ihre ganz persönlichen Vorlieben und Abneigungen gegenüber bestimmten Sinneseindrücken. Eltern merken dies z. B. daran, auf welche Art und Weise sie ihr Baby am besten beruhigen können. Manche mögen es, gestreichelt zu werden, andere genießen eher, von Armen umfangen zu sein. Die einen reagieren positiv, wenn sie geschaukelt oder hochgenommen werden. Andere dagegen werden dadurch unruhig oder gar quengelig.

Vor allem sensible Babys zeigen sich ausgesprochen wählerisch bei unterschiedlichen Geschmacksrichtungen oder reagieren ausgesprochen empfindlich auf bestimmte Gerüche. Dabei können manche Babys ihren Eltern ziemlich deutlich zeigen, wenn ihnen etwas nicht passt, und sind so auch entsprechend leicht zufriedenzustellen. Andere dagegen bleiben ihren Eltern lange Zeit ein Buch mit sieben Siegeln und verlangen ihnen ein großes Maß an Einfühlungsvermögen ab.

Viele Faktoren spielen zusammen

Eine ganze Reihe von Faktoren ist verantwortlich dafür, warum das eine Baby so ganz anders sein kann als das andere. Die verschiedensten Einflüsse während der Schwangerschaft, die Erfahrungen, die ein Baby in seiner vorgeburtlichen Zeit gemacht hat, haben es geprägt. Auch der Geburtsverlauf, die Atmosphäre, in die es hineingeboren wurde, Lärm, Unruhe und die emotionale Einstellung seiner Eltern, haben ihre Spuren hinterlassen. In den ersten Tagen und Wochen hängt das Verhalten eines Neugeborenen außerdem stark von seinem Reifezustand ab. Das heißt davon, ob es zu früh oder zu spät geboren wurde und wie ausgereift sein Nervensystem schon ist, das bei allen Babys gerade in den ersten Wochen noch einmal einen entscheidenden Reifungs- und Entwicklungsprozess durchmacht. Dieser Prozess geht ganz unterschiedlich schnell vor sich. Ein wichtiger Grund: Jedes Baby bringt Veranlagungen mit, die es in seinen Genen geerbt hat und die nicht nur sein Aussehen, sondern auch sein Verhalten, seine Stimmungen und Reaktionsmöglichkeiten von Geburt an – genau genommen schon im Mutterleib – mitbestimmen.

Die Lehre von den Temperamenten

Veranlagung als genetisches Erbe ist Thema vieler Forschungsdisziplinen, die immer tiefere Einblicke in die Funktionszusammenhänge unserer Gene gewinnen. Veranlagung im Sinne von »angeboren« kann aber auch ganz ohne die Frage nach der Vererbung zum Gegenstand der Forschung werden – so z. B. in dem Zweig der Psychologie, der sich mit dem, was Menschen in ihrem Wesen von Geburt an unterscheidet, beschäftigt. Tatsächlich ist diese Frage natürlich sehr viel älter als unsere moderne Psychologie. Schon in der Antike haben sich griechische Wissenschaftler intensiv damit beschäftigt und erkannten bestimmte von einander abgrenzbare unterschied-

liche »Temperamente«, die Menschen eigen sind und die sie durch ihr ganzes Leben begleiten. Seit der Antike versuchte man auch eine Typisierung dieser möglichen Temperamente: Jeder kennt den Begriff des Melancholikers oder hat einen ungefähren Begriff davon, was man sich unter einem Choleriker oder einem Phlegmatiker vorzustellen hat. In der modernen Psychologie spricht man noch heute von unterschiedlichen »Temperamenten« und meint damit immer noch relativ stabile und für einen Menschen typische Eigenschaften, die sich zeigen in

• seiner Ausdauer,
• seiner Reizschwelle,
• der Art, wie er auf Neues reagiert,
• seiner vorherrschenden Stimmungslage und
• dem Grundrhythmus, in dem er das Leben angeht.

Frühe Temperaments-unterschiede

Inzwischen gibt es viele Studien, die versuchen herauszufinden, ob und wie sich solche Temperamentsunterschiede schon bei Babys bemerkbar machen und ob sie sich tatsächlich in ihrer weiteren Entwicklung als konstant erweisen. Besonders bekannt und die Grundlage vieler weiterer Untersuchungen sind die Studien von Stella Chess und Alexander Thomas, einem amerikanischen Psychiaterehepaar, das viele Kinder und Eltern über einen langen Zeitraum genau mit der Frage nach den angeborenen Temperamenten begleitet hat. Ihr Ergebnis: Tatsächlich beginnt sich schon ganz

So wird geforscht – wie Daten über Babys gesammelt werden

Thomas und Chess haben schon in den 1950er Jahren viele Babys beobachtet, aber vor allem auch deren Eltern befragt. Sie fragten nach dem Trinkverhalten, dem Schlaf-wach-Rhythmus und der motorischen Aktivität ihres Babys. Wie Eltern die vorherrschende Stimmungslage ihres Kindes beschreiben, war für sie ebenso von Bedeutung wie seine beobachtbare Sensibilität gegenüber Außenreizen oder wie leicht – oder schwer – es einem Baby fiel, sich auf Neues, also z. B. neue Nahrung, andere Menschen und Veränderungen im Tagesablauf, einzustellen oder einen eigenen Rhythmus zu finden.

Das Interesse der Forscher galt also ganz unterschiedlichen Eigenschaften und Verhaltensweisen. Sie berücksichtigen vor allem die Beobachtungen, die für die Eltern besonders aussagekräftig waren, um ihr Baby zu charakterisieren.

Und sie haben »ihre« Babys in den Familien über Jahrzehnte weiterbegleitet, um zu erfahren, ob und wie sich deren Temperament beibehält, entwickelt oder möglicherweise ganz verändert.

früh – manchmal schon nach den ersten Tagen, wenn das Baby die Geburt »verdaut« und die Umstellung auf ein Leben außerhalb des Mutterleibs geschafft hat – herauszukristallisieren, welches Temperament das Baby mitgebracht hat.

Trotz aller individuellen Unterschiede fanden Thomas und Chess Zusammenhänge zwischen den einzelnen Verhaltens- und Reaktionsstilen von Kindern, so dass ihnen eine Einteilung in drei bis vier Gruppen – Temperamente – plausibel schien. Für diese unterschiedlichen Temperamente wählten sie, da sie von Anfang an immer die Beziehung zwischen Eltern und Baby im Blick hatten, Bezeichnungen, die Eltern möglicherweise selbst gewählt hätten, um ihr Baby ganz allgemein zu beschreiben. So bezeichneten sie die drei Haupttemperamente als

a) unproblematisch,
b) schwierig und
c) schwer zu motivieren.

Die vierte Gruppe nannten sie »unspezifisch«, weil diese Babys keine spezifischen Merkmale zeigten.

Unproblematisch – schwierig – schwer zu motivieren

Die vier Begriffe von Thomas und Chess haben sich seither in der Fachliteratur eingebürgert. Unproblematische Babys, zu denen etwa drei Viertel aller Babys gezählt werden, sind leicht zufriedenzustellen, sind anpassungsfähig und finden bald zu einer eigenen Regelmäßigkeit von Wachen und Schlafen, kurz: Sie gelten als »pflegeleicht« und bereiten ihren Eltern keine Probleme.

Die sogenannten schwierigen Babys dagegen sind unruhig. Sie schreien weit mehr als andere und zeigen bereits bei der leichtesten Unruhe um sie herum, dass es ihnen zu viel wird. Sie trinken schlecht und finden erst sehr spät und mit sehr viel Hilfe ihrer Eltern zu einem eigenen Rhythmus.

Die Babys der dritten Gruppe nannten Thomas und Chess »slow to warm up«, was in der deutschen Übersetzung zu den »schwer zu motivierenden« Babys wurde. Die Vertreter dieser Gruppe »tauen schwer auf«, sind besonders ruhig, inaktiv und neigen dazu, sich in sich zurückzuziehen. Auch sie reagieren empfindlich auf jede Neuerung. Ihre Schwierigkeit liegt darin, dass sie sehr viel Anregung und Motivation brauchen und auf die Kontaktangebote ihrer Eltern sehr viel weniger spürbar antworten.

Schwierigkeiten beim Kennenlernen

Sein Baby kennenzulernen ist manchmal gar nicht so einfach. Die unterschiedlichsten »Sichtbeschränkungen« können den Blick verengen und stellen sich als Hindernis zwischen Eltern und ihr Baby.

»Die anderen« ...

In einer Gesellschaft, in der Expertenwissen – und sei es noch so widersprüchlich – über alles zählt, fällt es Eltern oft schwer, sich auf ihre eigene Intuition und ihre eigene Beobachtungsgabe zu verlassen. Und gerade junge Eltern machen ja auch ständig die Erfahrung: Jeder weiß es besser – oder glaubt es zumindest! Vielleicht.

Aber: Kennen »die anderen« Ihr Baby, mit dem Sie, seine Mutter, sein Vater, Tag und Nacht zusammen sind? Nicht selten sind es die guten Tipps wohlmeinender anderer (und sei es auch die beste Ratgeberliteratur), die – so richtig sie im

Schubladendenken?

Um keine Missverständnisse aufkommen zu lassen: Bei den Einteilungen von Thomas und Chess in bestimmte Temperamente geht es nicht darum, ein Baby in eine bestimmte Schublade zu stecken. Solche Einteilungsversuche sollen deutlich machen, dass man nicht alle Menschen, auch nicht alle neugeborenen Babys, über einen Kamm scheren kann. Einteilungen können Eltern helfen, ein Gespür für ihr Kind zu entwickeln und ihr möglicherweise ganz falsches Bild von ihrem Baby zu begraben. Besonders hilfreich ist dies natürlich für Eltern, deren Baby nicht zu den besonders »pflegeleichten« Babys gehört. Sie können sich von Anfang an auf das vorbereiten, was sie im Laufe der Entwicklung ihres Babys wohl erwartet und wie sie mit dem spezifischen Temperament oder der Persönlichkeit ihres Babys am besten umgehen.

Dazu kommt: Eltern, die erkennen und akzeptieren können, dass das Verhalten ihres Babys nicht ausschließlich von ihnen und ihrem eigenen mütterlichen bzw. väterlichen Können und Wollen abhängt, sondern auch vom individuellen Temperament ihres Babys, können sich gelassener und einfühlsamer um die Entwicklung ihres Babys kümmern. Sie wissen dann, dass Selbstzweifel und Selbstvorwürfe unangebracht sind – denn die sind nun wirklich die schlechtesten Ratgeber, wenn es darum geht, herauszufinden, was ein Baby wirklich braucht.

Mein Baby und sein Temperament

Herauszufinden, welche grundlegenden Möglichkeiten Ihr Baby mitgebracht hat, mit sich und der Welt zurechtzukommen, setzt Einfühlungsvermögen und eine gute Beobachtungsgabe voraus. Was können Sie sehen, hören, fühlen, spüren und empfinden? Die folgenden Fragen bringen Sie auf die richtige Spur:

- Ist mein Kind eher zappelig, oder liegt es – wach oder schlafend – meist ganz ruhig in seinem Bettchen?
- Kann ich ziemlich genau vorhersagen, wann mein Baby aufwachen und Hunger haben wird, oder konnte ich bisher noch überhaupt keinen Rhythmus in seinen Trink- und Schlafbedürfnissen entdecken?
- Trinkt es problemlos, wenn ich ihm die Brust (Flasche) reiche, oder braucht es dafür besonders viel Ruhe, meine volle Zuwendung und eine ganz bestimmte Haltung?
- Weint mein Baby viel oder eigentlich nur, wenn es hungrig und müde ist?
- Ist es, wenn es einmal begonnen hat zu schreien, leicht zu beruhigen, oder steigert es sich trotz aller Beruhigungsversuche immer weiter hinein?
- Wie schnell kann sich mein Baby an neue Situationen und Veränderungen anpassen?
- Hat es eher ein dickes Fell, oder reagiert es auf den kleinsten Reiz (Berührung, laute Geräusche, helles Licht, Kälte)? Wie stark reagiert es?
- Kann ich es mit meiner Zuwendung leicht erreichen, oder wirkt es eher unnahbar?
- Kann ich mein Baby überall hin mitnehmen, oder verträgt es das gar nicht, weil es dort weder trinkt noch schläft?
- Wirkt es auf mich im Allgemeinen eher entspannt und zufrieden, oder vermittelt es mir irgendwie das Gefühl, alles falsch zu machen?

Allgemeinen sind – in dieser oder jener ganz besonderen Situation gerade für Ihr Baby und Sie, seine Mutter, seinen Vater, überhaupt nicht passen.

Wenn Ihre Mutter zu wissen meint, dass es Babys guttut, bei jeder Irritation gestillt zu werden, weil es Ihnen damals gutgetan hat, wenn die beste Freundin Ihnen zu immer neuen Tees und Massagetechniken rät, die aus ihrem Baby einen wahren Wonneproppen gemacht haben, wenn der Buchhandel immer wieder die neueste Literatur zum Thema für

Sie bereithält – sagen Sie hin und wieder einfach: Stopp! Konzentrieren Sie sich auf Ihr Baby und das, was es Ihnen zu sagen hat.

... und ich

Aber nicht nur die anderen sind manchmal im Weg, wenn es darum geht, sein Baby kennenzulernen. Manchmal fällt es Eltern einfach schwer, Abschied zu nehmen von ihrem Bilderbuchbaby, wie auch immer sie sich das in den vielen Momenten der Schwangerschaft (oder gar schon vorher) vorgestellt haben. Sie sind erstaunt, unsicher oder gar enttäuscht, weil alles so anders ist, als sie erwartet haben.

Kein Wunder, dass z. B. Eltern, die von einem ruhigen, selbstzufriedenen Baby geträumt haben, einige Zeit brauchen, um ihr lebhaftes Baby, das ausdauernd schreien kann und nur auf dem Arm von Mutter und Vater zur Ruhe zu kommen scheint, richtig zu verstehen. Und auch Eltern, die ein lebhaftes Baby erwartet haben, können erst einmal Schwierigkeiten haben, wenn ihr Baby eher still und ruhebedürftig ist, viel schläft und sich selten wach und aufnahmebereit genug zeigt, um ihre Kontakt und Gesprächsangebote annehmen zu können.

Wer sein Baby kennenlernen will, muss auch sich selbst kennenlernen: Hören Sie in sich hinein: Was hindert mich möglicherweise daran, mein Baby so zu sehen, wie es ist? Sind es die vielen Erwartungen und Phantasien, die wir uns während der Schwangerschaft gemacht haben? Oder liegt der Grund tiefer? Auch das ist eigentlich durchaus normal. Denn: Jede Mutter, jeder Vater bringt sich selbst mit:

- die eigene Geschichte,
- die eigenen Erfahrungen als Kind (damals und heute!),
- die eigenen Vorstellungen darüber, wie gute/schlechte Eltern und gute/schlechte Erziehung zu sein haben,
- die Hoffnungen, die sie mit ihrem Kind verbinden, und natürlich
- das eigene Temperament und die eigene Persönlichkeit.

Und wie sie ihr Baby sehen, bleibt davon natürlich nicht unbeeinflusst. Überall und immer bringen Eltern sich selbst ein, wenn sie versuchen herauszufinden, was ihr Baby ihnen sagen will, wenn sie sein Verhalten, seine Mimik, seine Gestik und die Tönchen, die es von sich gibt, sein Quengeln, Weinen, Schreien interpretieren.

Das ist auch gut so: Es ist sogar die Voraussetzung, ein Baby zu verstehen.

Aber: Zum Problem werden Interpretationen und Bedeutungszuschreibungen, wenn sie gar nichts mit dem Baby selbst zu tun haben, wenn Eltern in ihr Baby so viel hineinlesen, dass sie es dabei ganz aus dem Blick verlieren. Sie sehen dann möglicherweise wie durch eine eingefärbte Brille Eigenschaften an ihrem Baby, die mit ihm und seinem Temperament absolut nichts zu tun haben.

Gegen die »falsche Brille« – sich selbst kennenlernen!

Sein Baby richtig zu »sehen« heißt nicht nur, den Tatsachen ins Auge zu blicken. Es setzt auch voraus, sich hin und wieder »zurückzulehnen«, Ruhe zu bewahren und in sich hineinzuhören. Eltern müssen auch feinfühlig für die eigenen Vorstellungen, Hoffnungen, Erwartungen und Befürchtungen, für die eigene Geschichte, das eigene Temperament werden.

Hören Sie also in sich hinein, entwickeln Sie Feinfühligkeit gegenüber sich selbst!

Wenn Sie ehrlich mit sich sind, kann es durchaus vorkommen, dass Sie hin und wieder über sich selbst, ihre Phantasien, Vorstellungen, Erwartungen und

Testen Sie sich und Ihre (unbewussten) Wünsche und Erwartungen!

Der amerikanische Psychiater und Psychoanalytiker Paul C. Holinger hat sieben Fragen formuliert, die sich Eltern selbst und einander stellen sollten, um sich und ihren verborgenen Wünschen und Erwartungen auf die Schliche zu kommen:

- Fragen Sie sich: Warum wollte ich Kinder? Welche Erwartungen und Hoffnungen habe ich damit verknüpft und tue es noch heute?
- Phantasieren Sie: Wie wird dieses – mein – Baby einmal werden? Und was bedeutet das für mich?
- Sprechen Sie mit Ihrem Partner! Welche Erwartungen, Vorstellungen, Hoffnungen, Befürchtungen hat er/sie eigentlich?
- Denken (und fühlen) Sie über Ihre eigene Kindheit nach! Sind Sie dankbar für Ihre Erfahrungen, und möchten Sie sie Ihrem Kind weitergeben – oder soll es Ihr Kind einmal »besser haben«?
- Gibt es etwas, was Sie Ihren Eltern gerne sagen würden: Was war damals gut, was war schlecht für mich? Aus meiner heutigen Sicht!!!
- Welchen guten Rat würden Sie sich selbst geben, wenn Sie sich als Außenstehender in ihrer Beziehung zu ihrem Baby beobachten könnten?
- Machen Sie sich kundig: Was braucht ein Baby, was kann es, wie entwickelt es sich?

Erinnerungen ins Staunen geraten oder gar erschrecken. Das gehört dazu. Dann können Sie sich mit ihnen auseinandersetzen und sie nötigenfalls korrigieren, sollten Sie durch sie daran gehindert werden, Ihr Baby zu sehen, wie es ist, und zu fühlen, was es braucht.

Anpassen – passen – zusammengehören

Mütter und Väter erwartet mit der Geburt ihres Kindes eine aufregende Aufgabe: Sie müssen ihr Verhalten, aber auch ihre Vorstellungen, Erwartungen und Hoffnungen den Bedürfnissen und Möglichkeiten ihres Babys anpassen.

Diese Anpassung ist die beste Voraussetzung, dass Eltern und Baby miteinander gedeihen. Denn das Temperament eines Babys entscheidet nicht allein über die weitere Entwicklung eines Kindes. Ausschlaggebend ist vielmehr, ob Eltern den Bedürfnissen und Eigenheiten ihres Babys entsprechen können, ob und wie Mutter, Vater und ihr Baby zusammenpassen.

Dies war ein wichtiges oder vielleicht das wichtigste Ergebnis der Langzeitstudie von Thomas und Chess, – den »Erfindern« der pflegeleichten, schwierigen und schwer zu motivierenden Babys –, die »ihre Babys« über viele Jahre begleitet haben. Sie haben dafür den Begriff der »Anpassungsgüte« (»goodness of fit« oder »Passung«) verwendet.

Diese nämlich – und nicht allein das Temperament, mit dem es geboren wurde – bestimmt, wie sich ein Kind entwickelt.

Fit und Misfit

In Anlehnung an den Begriff »goodness of fit« hat der Züricher Kinderarzt Remo H. Largo den »Fit« und als dessen Gegenteil den »Misfit« als Begriffe eingeführt. Damit betont er noch einmal, dass ein Baby sich dann am besten entwickelt, wenn eine Übereinstimmung zwischen seinem Temperament, seinen Bedürfnissen, seinen Fähigkeiten einerseits und den Erwartungen und Möglichkeiten seiner Eltern andererseits besteht. Auch Largo konnte in vielen Untersuchungen feststellen, dass der »Fit« – also ebendiese Passung – die gesamte weitere Entwicklung eines Kindes bestimmt. Das heißt z. B.: Ein »schwieriges« Temperament führt nicht zwangsläufig zu

späteren »Schwierigkeiten«. Zu Problemen kommt es nur dann, wenn das besondere Temperament des Babys die Beziehung zwischen Eltern und Baby »schwierig« macht. Schwierig wird es, wenn es den Eltern nicht gelingt, sich auf die individuellen Bedürfnisse ihres Babys einzustellen, weil sie in einen Teufelskreis verständlicher Frustration und Erschöpfung geraten. Dadurch nämlich wird das aufgeregte und aufregende Verhalten ihres Babys noch verstärkt. Die Gefahr wächst, dass auch im weiteren Verlauf die Eltern und ihr Kind nicht zu einem befriedigenden Zusammensein finden können (siehe Seite 133).

Passen Sie sich dem Temperament Ihres Babys an!

Was bedeutet es also für eine Mutter, die erkannt – und akzeptiert – hat, dass ihr Baby von Anfang an mehr schreit als andere Altersgenossen, leichter erregbar und weniger leicht zu beruhigen ist, also wohl ein »schwieriges Temperament«

»Schwieriges Temperament« – plastisch veranschaulicht

Wie sich ein solches »schwieriges Temperament« äußern kann:
Fällt Ihnen z. B. auf, dass Ihr Baby auffallend schreckhaft auf Geräusche reagiert? Wird es unruhig, weil es vom Licht der Deckenlampe geblendet wird? Beginnt es auf Ihrem Arm zu quengeln oder gar zu schreien, wenn Sie sich vergnügt – und eben nicht nur flüsternd – mit Ihrer Freundin unterhalten? Mag es Ihr Baby überhaupt nicht, wenn es gewickelt wird? Ist jedes Bad für Ihr Baby eine kleine oder gar große Katastrophe? Kann Ihr Baby kaum trinken, wenn andere im Raum sind, weil es durch jedes Wort, auf das Sie reagieren, aus dem Takt kommt? Neigt es in leichten Schlafphasen zu unwillkürlichen Bewegungen – rudert es also beispielsweise plötzlich mit seinen Ärmchen in der Luft, wodurch es manchmal sogar wach wird? Schläft es insgesamt sehr unruhig? Selten länger als 30 Minuten am Stück? Haben Sie das Gefühl, auf Zehenspitzen gehen zu müssen, damit es ja nicht aufwacht?

mit auf die Welt gebracht hat? Vielleicht mehren sich die Hinweise darauf, dass gerade Ihr Baby nicht zu den »pflegeleichten« Babys gehört (siehe Kasten links). Es ist besonders darauf angewiesen, dass seine Eltern verstehen, was sie ihm zumuten können und wodurch sie es überfordern.

Jetzt können Sie sich auf seine »Schwierigkeit« einstellen. Sie wissen jetzt, dass Sie Ihrem Baby vielleicht nicht zumuten können, gleich in den ersten Wochen überschwenglich allen Freunden und Verwandten vorgeführt zu werden, da es so viel Aufregung einfach noch nicht verträgt. Sie wissen damit auch, dass es ganz besonders auf einen verlässlichen Tagesablauf angewiesen ist und dass es Eltern braucht, die »für Ruhe und Ordnung sorgen«. Sie können sich aber zugleich ohne schlechtes Gewissen zugestehen, erschöpfter und erholungsbedürftiger als andere Eltern zu sein, und können sich Hilfe organisieren, bevor Sie verzweifeln – das beste Mittel, um sich danach ruhig und gelassen um ihr Baby kümmern zu können. Und dies ist genau das, was Ihr Baby braucht, um sich gesund zu entwickeln.

Achten Sie auf die Babyzeichen!

Und wenn Sie zu den Eltern gehören, die es trotz aller Anstrengung und vielfältigster Versuche und Bemühungen einfach nicht schaffen, mit ihrem Baby in den spielerischen Dialog einzusteigen, von dem auch in diesem Ratgeber die Rede sein wird? Halten Sie einmal inne. Wenn Ihr Baby wieder einmal die Stirn runzelt, den Kopf abwendet oder die Augen schließt, wenn es vielleicht sogar zu weinen beginnt, bedeutet dies nicht Ableh-

nung. Vielleicht geht ihm alles zu schnell. Möglicherweise gehört es zu den übersensiblen Babys, die einfach nicht in der Lage sind, so viel liebevolle Zuwendung zu verkraften. Mit dieser Einsicht im Hinterkopf können Sie versuchen, die Form Ihrer Annäherung – Sprechen oder (!) Anschauen oder (!) Wiegen oder (!) Streicheln – zu finden, die Ihr Baby am liebsten hat. Bewahren Sie sich Ihre Aufmerksamkeit, und vertrauen Sie auf Ihre Antennen! Sie werden sehen: Ihr Baby zeigt Ihnen, wie Sie es erreichen können.

Es kommt nur darauf an, offen zu sein und bereit, Ihr Baby so, wie es ist, kennen- und lieben zu lernen. Nach und nach wird auch Ihr Baby lernen, mit neuen Anregungen umzugehen, ohne sich zurückziehen. Die (An-)Passung – der Fit – ist gelungen! Dieser Fit ist die eigentliche Herausforderung, der Eltern mit der Geburt ihres Babys gegenüberstehen. Der beste Lehrmeister ist ihr Baby selbst. In seinen »Gesprächen« mit Ihnen gibt es genügend Hinweise, was zu ihm passt. Hören Sie ihm gut zu!

Kopfabwenden bedeutet nicht Ablehnung.

Alltag mit dem Baby

Die Wochenbettzeit ist vorbei, ein wenig kennen Sie und Ihr Baby sich jetzt schon. An den Alltag mit Kind werden Sie sich erst langsam gewöhnen müssen. Er bietet zahlreiche Möglichkeiten für Dialoge. Wie Sie Ihrem Baby viel Nähe geben und es immer besser verstehen – beim Schlafen, unterwegs oder beim Spielen –, lesen Sie auf den folgenden Seiten.

Alles ist anders

Früher mussten Sie vielleicht um 9.30 Uhr im Büro sein. Wenn der Wecker klingelte, hieß es aufstehen, duschen, anziehen, Kaffee kochen, frühstücken und so weiter. Und um 8.30 Uhr aus dem Haus. Das lief alles wie von selbst, ohne dass Sie darüber nachzudenken brauchten. Und nun? Nun sind Sie zwar schon vor 22 Uhr ins Bett gegangen, aber dreimal sind Sie wach geworden, denn das Baby hatte Hunger, hatte plötzlich so ein sonderbares Geräusch gemacht, hatte irgendwann schon wieder Hunger. Jetzt liegt es neben Ihnen. Es ist zehn Minuten vor sechs, und der Säugling schaut Ihnen in die Augen, strampelt mit den Beinen. Müde? Hungrig? – Wer?

Leben in »Unordnung«

Sie werden anfangs bemerken, dass zu Hause alles ein bisschen durcheinandergeht. Tugenden wie Regelmäßigkeit, Zuverlässigkeit und Ordnung sind noch nicht bei Ihrem Baby angekommen. Sie liegen nicht in den Genen. Babys funktionieren nicht nach Plan, aber sie sind auch nicht chaotisch. Sagen wir: Sie sind anfangs etwas schwer kalkulierbar. Erst allmählich werden Sie und Ihr Baby einen Rhythmus finden, der Ihnen beiden »schmeckt« und der im Großen und Ganzen zu dem Alltag in der Familie, in die es hineingeboren wurde, passt.
Kinder werden in verschiedenen Kulturen und Epochen unter unterschiedlichsten Bedingungen groß. Was für Kinder gut oder schlecht ist, ist oft auch zwischen Generationen heiß umstritten. Traditionelle und religiöse Werte und Anforderungen der Gesellschaft spielen eine Rolle. Heute fragt man in Industrienationen vor allem: Was ist gesund, was fördert, was nützt meinem Kind. Und: Darf ich es verwöhnen? Erschwert das seinen Start in unsere Leistungsgesellschaft?

Platz für individuelle Spielräume

Für die »richtige« Betreuung gibt es Argumente aus der Naturgeschichte der Menschheit (Evolution), aus der medizinischen Forschung und der Entwicklungspsychologie ebenso wie rein praktische Gesichtspunkte aus dem Alltagsleben. Und leider passt das eine oft nicht zum anderen.
Jede Mutter, jedes Paar, das ein Kind bekommt, ist zahllosen, oft widersprüchlichen Ansprüchen ausgesetzt. Es gibt nicht den einen, idealen Weg. Wie auch immer Sie sich entscheiden, wenn es um das Wohl Ihres Kindes geht, eins ist sicher: Die Art und Weise wie Sie gemeinsam den Alltag gestalten, welche Spielräume Sie eröffnen, schafft unterschiedliche Rahmenbedingungen und Möglichkeiten für den lebenslangen Dialog.

Frühe Liebe

Auch wenn das kleine Mädchen oder der neugeborene Junge sich später nicht erinnern wird, wie liebevoll Sie (und zunehmend andere vertraute Menschen) mit ihr, mit ihm umgegangen sind, sie bzw. ihn umhegt, umsorgt haben:

Keine Zeit für Nähe? – Die moderne Gesellschaft als Risikofaktor

Unsere Gesellschaft ist schnelllebig, oft ist Hektik angesagt. Babys mögen das nicht, sie werden unruhig, »überdrehen«. Sie brauchen etwas anderes: Muße, unverplante Zeit, »lange Weile« in der Familie.

Stattdessen aber bestimmen große Mobilität und schnelle Ortswechsel den Alltag. Viele Babys sind mal hier, mal dort und immer woanders. Dabei mögen sie gern »herumkommen«, dabei sein, sind neugierig – aber sie möchten auch wiedererkennen, brauchen Routine, Rituale.

Enge Zeitpläne und Reizüberflutung

In unserer Gesellschaft hat man keine Zeit. Das Kind muss funktionieren, darf den Zeitplan nicht durcheinanderbringen. Aber kleine Babys halten sich nicht an einen Plan. Sind soeben eingeschlafen oder wollen an die Brust, wenn man gerade zur Geburtstagsfeier oder zum Einkaufen mit ihnen los will und sie dafür anziehen möchte.

Die allgegenwärtigen Medien fördern passiven Reizkonsum, verhindern Kreativität und dass man sich Zeit für einen anderen nimmt. Das Radio spielt, im Fernsehen laufen Nachrichten, die Mails müssen beantwortet werden. Und abends gibt es den Film, den alle so toll finden. Und wer badet mit dem Baby? Wer kuschelt mit ihm?

Jede Wohnung ist voll von unzähligen Gegenständen. Und Spielzeug gibt es schon vor der Geburt für den erwarteten Erdenbürger. Aber oft fehlt die Zeit, die Lust zum Spielen. Dabei ist es genau das, was unsere Kinder brauchen. Ein echtes Geschenk.

Das perfekte Baby

Leistungsgesellschaft, so nennt sich unsere Gesellschaft. Und das wirkt sich als Erwartungsdruck auf die Mutter aus, die perfekt sein soll – und ein perfektes Baby haben muss. Unter hohem Selbstanspruch leiden viele Erwachsene und stellen enorme Ansprüche an sich und das Kind. Kaum auf der Welt, soll es alles Mögliche leisten: durchschlafen und allein sein, bald darauf Schwimmen lernen, sich vielleicht für Gebärdensprache interessieren und eventuell sogar zweisprachig aufwachsen – in einem einsprachigen Haushalt. Ja, das gibt es. Das Kind muss ja gefördert werden. »Fördermentalität«, nennt dies die Säuglingsforscherin Mechthild Papoušek.

Was Sie machen und wie Sie es machen, gräbt sich tief in das Gehirn Ihres Kindes ein. Es prägt sein Lebensgefühl und sein Selbstvertrauen, auch seine Art, auf andere Menschen zuzugehen, und was es von diesen erwartet. Auf den Kern des Zusammenhangs kann man eigentlich nicht besser hinweisen als es die britische Psychotherapeutin und Autorin Sue Gerhardt mit dem Titel ihres Buches tut: Why love matters (Warum es auf Liebe ankommt).

Liebe: der Grundstein für die Gefühlswelt

Wie formen Zuwendung und erlebte Gefühle das Gehirn des Babys? – das ist die Frage, die Sue Gerhardt stellt. Wer sich die Redensart »Wie man in den Wald hineinruft, so schallt es heraus« vor Augen führt, ahnt auch die Antwort schon. Mit dem, was Sie tun, wie Sie reagieren, durch Ihr Verhalten, Ihren Stil legen Sie Grundzüge für die Gefühlswelt Ihres Kindes und für sein sich entwickelndes soziales Wesen fest. Man könnte sagen, was Sie hineinrufen, das schallt ein Leben lang aus Ihrem Kind heraus. Denn: Besonders in den ersten

Liebevolle Zuwendung bleibt im »emotionalen Gedächtnis« hängen.

»mutternahen« Lebensjahren finden enorme Auf- und Umbauprozesse im jungen Gehirn statt, bei denen täglich viele Millionen überzähliger Nervenzellen eingeschmolzen werden und viele Millionen neuer Kontakte zwischen Nervenzellen durch Synapsen hergestellt werden. Dies geschieht auch zwischen jenen Regionen, die für die Informationsverarbeitung oder die Bewegungskoordination zuständig sind, und jenen, die das Gefühlsleben regulieren. Diese sogenannte synaptische Feinabstimmung – die millionenfache Verkabelung zwischen Nervenzellen in verschiedenen Gehirnbereichen – geschieht unter dem Einfluss der alltäglichen Empfindungen und Erfahrungen.

Botschaften kommen an

Und: Jedes Verhalten enthält implizite Botschaften, die dem Kind zwar nicht bewusst sind, aber dennoch in sein Gehirn eingeschrieben werden. Quengelt Ihr Kind, können Sie seinen Unmut zunächst übergehen und abwarten, ob das Kleine sich von selbst beruhigt. Oder Sie schauen gleich, warum das Baby unzufrieden ist. Oder Sie kitzeln es, um es aufzumuntern. Was Sie bevorzugen, hat durchaus von Beginn an Konsequenzen für die Erwartungen Ihres Kindes an Sie als Eltern und an andere Personen. In jedem Fall vermitteln Sie etwas Weiterreichendes, z. B.: »Versuch zunächst einmal selbst klarzukommen«, oder: »Mach dich bemerkbar, wenn du Hilfe brauchst«, oder: »Es gibt immer jemanden, der dir beisteht«, oder: »Lass dich ablenken – nur nicht traurig sein«. Dem Erwachsenen ist später nicht wirklich bewusst, wie viel körperliche Nähe in seiner frühen Kindheit üblich war,

welche Eindrücke, Gefühle damals über-
wogen. Denn das Langzeitgedächtnis ist
in den ersten Jahren noch nicht funktions-
tüchtig. Trotzdem beeinflussen diese Erfahrungen uns als »emotionales Gedächtnis« lebenslang und sind der Sockel für
unsere weitere Entwicklung.
Natürlich ist die Geschichte jeder Person
komplex, wird aus vielen Bausteinen
aufgebaut. Auch Erfahrungen nach der
Pubertät, die als Meilenstein für die
emotionale und soziale Entwicklung
gilt, können noch viel verändern. Das
bedeutet: Die ersten, ganz frühen Erfahrungen schicken ein Kind nicht in eine
Einbahnstraße, aber gebahnt wird schon.

Ohne Nähe kein Leben

Ganz drastisch haben Versuche mit neugeborenen Affen demonstriert, wie essen-
ziell Körperkontakt und Zuwendung sind:
Ohne körperliche Nähe zu einem Artgenossen, ohne seine Fürsorge wuchsen
die Jungtiere nicht zu sozial kompetenten
Wesen heran. Erinnern Sie sich an die
schon erwähnten Versuche Friedrichs II.,
die so fatal endeten? Der Stauferkaiser
wollte die menschliche »Ursprache« herausfinden und ließ Babys darum ohne soziale
Zuwendung, nur durch pflichtgemäßes
Füttern und Pflegen versorgen. Die
Folge: Die Kinder verkümmerten förmlich, starben. Dazu schrieb der Kaiser
selbst: »Sie vermochten nicht zu leben
ohne das Händepatschen und das fröhliche Gesichterschneiden und die Koseworte der Ammen.«

Zu viel Liebe gibt es nicht

Kann man aber ein Baby durch zu viel
Koseworte, Nähe, Liebe verwöhnen?
Das ist schwer vorzustellen, zumal Verwöhnen ja nicht bedeutet, dass liebevolle
Eltern nicht in der Lage sind, ihrem Kind
mit zunehmendem Alter notwendige
Grenzen zu setzen. Viele Berichte sprechen dafür, dass Kinder, die mit einer
Menge Liebe und Zuwendung groß
werden, später nicht schlechter, sondern
besser zurechtkommen. Zwar sind kleine
Menschkinder einigermaßen anpassungsfähig, lernfähig, aber manchmal sind sie
überfordert. Neugeborene können z. B.
nicht durchschlafen, Halbjährige mögen
nicht gern viel allein sein. Eines wird
leider oft vergessen: Jede Gesellschaft
stellt bestimmte Anforderungen an ein
Baby, Kind. Nicht immer fragt sie auch,
wie viel Körperkontakt, Vertrautheit,
Liebe es braucht.
»The baby is an interactive project, not a
selfpowered one,« schreibt Sue Gerhardt
und meint damit: Das Kind entwickelt
sich nicht aus sich selbst heraus, sondern
in und durch die Interaktion mit seiner
Mutter und anderen Personen.

Entscheiden Sie selbst!

In vielen Fällen ist es Ihre sehr persönliche
Entscheidung, wie Sie auf die Bedürfnisse Ihres Kindes eingehen, worauf Sie
sich einlassen.

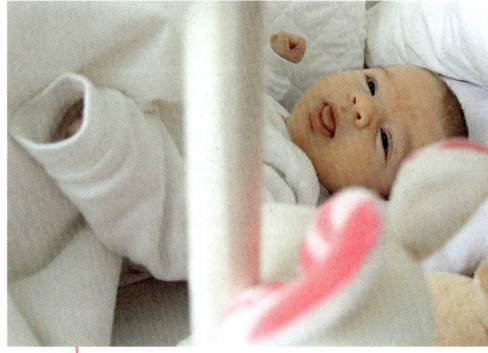

Einschlafen im eigenen Bett …

Schlafen: gut gebettet

Ein Beispiel: Das Baby, das um 19 Uhr in seinem Bettchen schreit, wird die eine oder andere Mutter vielleicht schreien lassen, »damit es sich beruhigt«. Eine andere wird aus demselben Grund zu ihm ins Zimmer gehen und die Spieluhr aufziehen oder sich ans Bettchen setzen und eine Melodie summen oder das zarte Händchen streicheln. Eine andere Mutter holt das Kind an den gemeinsamen Abendbrottisch und lässt es in ihrem Arm oder auf dem Schoß des Vaters zur Ruhe kommen, einschlafen und bringt es irgendwann ins Bett. Wieder eine andere legt sich mit dem Baby in ihr Bett, schläft selbst dort ein, oder sie greift zum Buch auf dem Nachttisch, sobald das Kleine schläft. Und natürlich gibt es auch Babys, die gar kein eigenes Bett haben, sondern sowieso bei den Eltern schlafen. Jede Variante hinterlässt andere Spuren.

Das heißt: Sie selbst gestalten den Alltag mit Ihrem Kind, Sie entscheiden über Nähe und darüber, wie viel und welche Art von Zuwendung, Liebe möglich ist, und damit auch, aus welchen Bausteinen das »persönliche Haus« eines neuen Erdenbürgers errichtet wird.

… oder bei Papa auf dem Arm – Eltern entscheiden selbst, was das Richtige ist.

Das Thema Schlafen wird Sie gewiss jahrelang beschäftigen. Die meisten Eltern befürchten, dass ihr Baby, ihr Kindergartenkind, ihr Schulkind, der Teenager zu wenig Schlaf bekommt. Auch das ist eine Folge unseres Lebensstils, unserer Gesellschaft: zu viele Reize und permanente Ablenkung auf der einen Seite, gut schlafen müssen – um leistungsbereit zu sein – auf der anderen Seite.

Wenn Sie sich davon lösen können, kommen Sie vielleicht mit Ihrem Baby besser klar. Auch der Schlaf ist Dialog, bedeutet ein Aufeinanderzugehen, ein Kennenlernen: beim Einschlafen, Aufwachen und sogar im Schlaf. Viele Mütter mögen es, nachts den Duft des Babys wahrzunehmen, zu spüren, wenn sein »Magen knurrt« und daher seine Unruhe und Körperspannung zunehmen. Sie genießen es, den total schlaffen Muskeltonus des tiefschlafenden Babys zu fühlen, seine Atmung zu hören, die zielgerichteten Bewegungen zu bemerken, wenn das Baby nach der Brust sucht, und dann: ein reges Schmatzen. All das umgibt Sie, wenn Ihr Kind nah bei Ihnen schläft. Nicht nur liebende Erwachsene liegen gern nah beieinander, auch andere Liebespaare. Und Mutter und Kind sind in mancherlei Hinsicht ein Liebespaar. Anderseits: Nächtlicher Körperkontakt muss nicht sein, das Wohl und Wehe eines Säuglings hängt nicht davon ab. Einiges spricht sogar dagegen. Allerdings, und da sind sich Experten einig, ein Baby – ein Neugeborenes sowieso – sollte im ersten Vierteljahr im Zimmer seiner Eltern schlafen, danach in Hörweite.

Zu wenig Schlaf?

Als frischgebackene Eltern gehen Sie am besten gar nicht davon aus, dass Ihr Kind schon in den ersten zwei, drei Monaten durchschläft. Das kommt vor, ist aber die Ausnahme und bedeutet keineswegs, dass das so bleibt. Möglich ist es allerdings. Wahrscheinlich sieht das mit dem Durchschlafen jedoch so aus: Sie haben gegen 22 Uhr Ihr Baby nochmals gestillt und sind dann selbst, todmüde, ins Bett gegangen. Und nach plus, minus zwei oder drei Stunden bemerken Sie, dass das Kleine unruhig wird, quengelt oder sogar schon schreit. Es gibt keinen Grund, ein Neugeborenes warten zu lassen. Es hat vermutlich Hunger. Aber warum? Das liegt an den angeborenen Schlaf-wach-Zyklen, die sich durch jeden 24-Stunden-Tag ziehen. Wenn Ihr Baby auf die Welt kommt, wechseln sich Phasen von Wachsein und Schlafen noch kurzfristig ab. Der Rhythmus entwickelt sich in den ersten Jahren aber weiter, in Abhängigkeit von Reifungsprozessen im Gehirn und vom Lernen unter dem Einfluss der Umwelt.

Die Umstellung auf eine ruhige Nacht und eine aktive Tagphase braucht mehrere Monate. Bei manchen Kindern geht sie schneller, bei anderen langsamer vonstatten. Sie können diese Umstellung gezielt unterstützen, indem Sie die Signale des Babys wahrnehmen und berücksichtigen: Nicht das Neugeborene, aber das achtmonatige Kind können Sie trotz Müdigkeit gegen 17 Uhr wachhalten, damit es sich nicht kurz erholt und zur üblichen Schlafenszeit gegen 19 Uhr keine Ruhe findet.

Der Rhythmus von Schlaf-wach-Zyklen

All unsere Körperfunktionen arbeiten rhythmisch, ihre Aktivität schwankt im Tageslauf. Hinter diesem Tagesrhythmus steckt unsere innere Uhr, die auf etwa 24 Stunden eingestellt ist. Bei manchen Menschen ist der angeborene Rhythmus länger, bei manchen etwas kürzer. Äußere Faktoren wie Licht, Geräusche und regelmäßige Mahlzeiten korrigieren ständig den individuellen Taktgeber und passen ihn an die 24-Stunden-Länge eines Tages an. Innerhalb dieses Rhythmus gibt es rund drei bis vier Stunden lange Zyklen von Wachsein und Schlafen.

Bei Babys ziehen sich diese Schwankungen durch den ganzen 24-Stunden-Tag, weshalb Müde- und Wachsein sich mehrmals am Tag – und eben auch in der Nacht – abwechseln.

Unter dem Einfluss der Umwelt wird nach und nach das Wachsein in der Nacht unterdrückt und der Schlaf am Tag reduziert. Ursache dafür ist die Erfahrung: Nachts spielt sich nichts ab. Das Nervensystem kommt zur Ruhe. Das Kind kann abschalten und schläft ein. Tagsüber hingegen ist viel los. Aktivität macht hungrig, die Mahlzeiten am Tag fördern das Wachsein.

Erst allmählich kann das Baby in der Nacht mehrere Schlaf-wach-Zyklen so aneinanderkoppeln, dass es dazwischen nicht richtig munter wird. Werden daraus sechs oder sieben Stunden, kann man sagen: Das Baby schläft durch. Mehr ist gegen Ende des ersten Jahres und im Verlauf des zweiten Jahres wirklich nicht zu erwarten.

Schlaf ist nicht gleich Schlaf

Bedenken Sie, dass Schlaf nicht gleich
Schlaf ist. Drei Phasen können Sie selbst
unterscheiden:

- Dösigkeit oder Schläfrigkeit: Ihr
  Kind ist müde und bereit einzuschla-
  fen. Jeder zusätzliche, neue Reiz kann
  ein unzufriedenes Quengeln oder
  Schreien auslösen. Eintönige rhythmische Stimulation beruhigt das
  Kleine und lässt es leichter einschlafen
  (vergl. auch die »Müde-Signale« im
  Kasten rechts).
- Aktiver Schlaf: In dieser Phase bewegt sich das Baby, in sein Gesicht
  kommt Bewegung – es träumt einen
  Babytraum (Mienenspiel). Vielleicht
  sackt es bald darauf in einen tiefen
  Schlaf mit regelmäßiger Atmung.
  Aber es kann auch wach werden, zumal wenn es sich durch grelles Licht
  oder Lärm gestört fühlt. Sanfte rhythmische Stimulation oder der Nuckel
  oder die leise Spieluhr lassen es dann
  am ehesten in Tiefschlaf fallen.
- Tiefschlaf: Ihr Baby atmet ruhig, ist
  total entspannt. Und fast gar nichts
  kann das Kleine aufwecken. In dieser
  Phase kann das Telefon klingeln, können Sie Ihr Kind aus dem Auto holen
  und ins Bett bringen – das Baby ist
  schlaff, schwer und wird sich kaum
  bewegen.

Ein Problem für die Eltern – nicht fürs Baby

Es heißt immer, die Kleinen hätten Ein-
oder Durchschlafprobleme. Nein, genau
genommen sind es die Eltern. Die Mutter

Info

»Ich-bin-müde«-Signale

- Der Blick ist starr, in sich gekehrt,
  kein echtes Gucken.
- Das Baby wendet sich ab, schaut von
  Ihnen, anderen Personen oder Gegen-
  ständen weg.
- Die Augen fallen zu, gehen auf,
  fallen wieder zu …
- Der Körper wird schwer.
- Das Baby gähnt.
- Es reibt sich die Augen.
- Das Baby ist unruhig, zappelig, ange-
  spannt und will immer etwas anderes.
- Es quengelt und schreit, obwohl Sie
  wirklich alles dagegen getan haben,
  um es zur Ruhe zu bringen (siehe auch
  Seite 107–109).

ist erschöpft, wenn sie nachts mehrmals
zum Stillen oder für eine Milchflasche aufsteht oder weil sie das Baby in der Nacht
wickelt und sich am Tag nicht ausruht –
oder nicht ausruhen kann. Und der Vater
ist übermüdet, wenn er vom schreienden
Kind nachts mehrmals geweckt wird
und morgens früh zur Arbeit geht.
Und natürlich macht es Sie nicht nur erschöpft, sondern auch wütend, wenn Sie
wochenlang nicht durchschlafen, schlecht
schlafen, obwohl Sie sich so viel Mühe
geben.
Überlegen Sie in Ruhe, was Sie anders
machen können, damit es Ihrer Familie
bessergeht. Zwei Dinge sind allerdings
wirklich nicht zu empfehlen: Das kleine
Kind nachts schreien zu lassen – denn
es hat ein Problem (siehe auch Thema
»Schreien« Seite 103) – oder es abzustillen.
Beides ist kein Rezept gegen nächtliches

Aufwachen. Zwar trinken gestillte Kinder nachts öfter, aber stillende Mütter sind auch eher als nichtstillende bereit, das Baby nachts anzulegen, weil der Aufwand gering ist und sie in der Regel schnell wieder einschlafen.

Schon gewusst? In vielen Untersuchungen hat sich gezeigt, dass Babys weniger Schlaf brauchen, als ihre Eltern erwarten. Also, wie viel Schlaf ist nötig? Manche Neugeborene schlafen über den Tag verteilt wirklich 20 von 24 Stunden, andere lediglich 14 Stunden. Aber alle Neugeborenen müssen erst lernen, Schlafphasen aneinanderzukoppeln, so dass daraus sechs bis sieben Stunden am Stück werden – und das hoffentlich in der Nacht. Wenn Ihr Baby also abends um 20 Uhr einschläft, können Sie nicht erwarten, dass es bis morgens durchhält – wenn es zwischen 2 und 4 Uhr aufwacht, hat es eigentlich »durchgeschlafen«. Super!

Mit einem halben Jahr sind elf Stunden Schlaf in der Nacht und drei Stunden am Tag üblich. Aber es können auch zwei Stunden mehr oder weniger sein – was insgesamt schon einen Unterschied von vier Stunden ausmacht. Was den Schlafbedarf angeht, sind die Unterschiede ein Leben lang groß. Allen Kinder gemein ist, dass sie gegen Ende des ersten Vierteljahres in ihren Schlafgewohnheiten kalkulierbarer werden, und die Passung von kindlichen Bedürfnissen und dem Tagesablauf in der Familie gelingt immer besser. Meist wird nun zunächst die morgendliche Aktivitätsphase länger, der Schlaf am Morgen fällt später als Erstes aus, während der Nachmittagsschlaf in aller Regel über zwei, drei Jahre erhalten bleibt.

Zur Ruhe kommen

Es gibt unzählige Tipps, wie man ein müdes Baby, ein aufgedrehtes Krabbelkind oder eine kleine Nachteule am besten ins Bett und zum Schlafen bringt. Finden Sie heraus, was am besten zu Ihnen und Ihrem Baby passt. Es gibt kein Patentrezept, wichtig ist nur, dass wir nicht ständig etwas anderes ausprobieren oder zu viele verschiedene Dinge gleichzeitig versuchen (siehe Seite 133, Teufelskreise). Auf jeden Fall sind Ruhe – nicht unbedingt Stille –, eine insgesamt reizarme Situation und sanfte rhythmische Bewegungen hilfreich. Dazu kommen Regelmäßigkeit, Routine, Rituale, an die die Kleinen sich gewöhnt haben und rasch erkennen: Es ist Schlafenszeit. Was nicht hilft, sind strenge Worte, ein besonders voller Magen oder schreien lassen.

Info

So schläft Ihr Baby besser:

- Machen Sie nachts kein Licht, nur das nötigste.
- Schäkern Sie nachts nicht mit dem Baby, vermeiden Sie Geräusche und jegliche Unterhaltung.
- Ein Baby muss nachts selten gewickelt werden.
- Vielleicht braucht Ihr Baby weniger Schlaf, als Sie sich vorstellen. Berücksichtigen Sie das, wenn Sie es abends ins Bett bringen.

Info

Problematisch: Schlaftrainings

Bedenklich sind Programme von selbsternannten Experten. Da wird in der Regel versucht, mit einer rigiden Trainingsmethode (wie der »Ferber-Methode«) das Durchschlafen zu fördern. Wobei das Programm für den deutschen Markt schon entschärft wurde. Konsequentes Verhalten kann in der Tat angebracht sein, wenn das einjährige oder zweijährige Kind seine Eltern abends oder nachts lange, zu lange in Anspruch nimmt, Ihnen zu viel Schlaf raubt oder Sie zu wenig Zeit für sich haben. Oder all dies zumindest fühlen. Auch hier müssen Eltern die für sie passende Entscheidung treffen. Aber ein striktes Schlaftraining negiert die Bedürfnisse von Babys im ersten Lebensjahr. Außerdem genießen viele Eltern die ruhige halbe Stunde, die sie singend, erzählend oder lesend am Bett ihres Kindes verbringen – nur sollte dafür ein Freiraum bestehen und nicht das Gefühl Vorrang haben, dies und das kann ich nun nicht tun, muss ich verschieben, hätte ich lieber gemacht.

Übrigens ist die Muttermilch – was den Fett- und Eiweißgehalt angeht – so beschaffen, dass sie nicht länger als vier bis fünf Stunden vorhält. Und: Muttermilch fließt nur dann gut, wenn das Baby oft genug saugt. An manchen Tagen will es innerhalb von 24 Stunden durchaus zehn-, zwölfmal an die Brust. Früher sagte man, die Milch reicht nicht. Heute weiß man: Nur so kann das Baby in Wachstumsschüben die Milchproduktion anregen, so dass mehr Milch fließt.

»Pucking« – ein Wickelkind

Seit einigen Jahren wird wieder empfohlen, was bis vor 50 Jahren Usus war: Das Baby von den Schultern abwärts in ein weiches Baumwolltuch so einzuschlagen, dass es sich kaum bewegen kann (einpacken, pucken, pucking). Die Idee ist, dass das Neugeborene dadurch den Halt und die Grenzen um sich herum findet, die es wochenlang im Bauch der Mutter gespürt hat. Auch beim Tragen im Tragetuch oder fest »umarmt« wird diese schützende Umgrenzung hergestellt, die manche Babys brauchen, um abzuschalten, schläfrig zu werden.

Probieren Sie einfach aus, ob Ihr Kleines besser Ruhe findet, wenn Sie es in ein Tuch einschlagen. Gerade wenn es eher unruhig ist und viel mit seinen Ärmchen fuchtelt, kann das möglich sein. Wählen Sie aber eine Technik, bei der die Beinchen angewinkelt sind, weil das für die Hüftentwicklung vorteilhaft ist (siehe Seite 69).

Schlaf, Kindchen, schlaf – das Einschlafen erleichtern

- Wiegen, schaukeln: in der Wiege, auf dem Arm, im Kinderwagen, im Auto
- Tragen: auf dem Arm, im Tragetuch
- Einschlagen: in ein Baumwolltuch hüllen und/oder fest umfasst halten (pucken, pucking)
- Nuckeln lassen: an der Brust, am Nuckel, am Daumen, Finger
- Fühlen lassen: auf dem Schoß angeschmiegt, mit Kuscheltuch, mit Kuscheltier, von einer Hand gestreichelt
- Hören lassen: Lieder singen, Geschichten erzählen, Spieluhr, beruhigendes von Kassette oder CD, Monotones vom Geschirrspüler oder von anderen Geräten
- Sehen lassen: Mobile, bewegte Blätter eines Baumes, einer Zimmerpflanze

Wer schläft wo?

»Dass Babys ein eigenes Bett haben, ist ein neues und westliches Phänomen« – so jedenfalls hat es eine amerikanische Kinderärztin einmal klipp und klar formuliert, in einem Brief an eine der renommiertesten medizinischen US-Fachzeitschriften. Es war ihre Antwort auf neue Studien, die darin mündeten, dass Babys zum Schlafen auf den Rücken und in ihr eigenes Bett gelegt werden sollen. Beides wird heute auch bei uns von offiziellen Stellen, wie der Bundeszentrale für gesundheitliche Aufklärung, empfohlen.

Der erste Punkt geht in Ordnung, denn er korrigiert nur eine falsche Empfehlung medizinischer Fachgesellschaften: Lange Zeit hatten sie die Bauchlage empfohlen mit der Begründung, dies stärke die Rückenmuskulatur und bei Spucken oder Erbrechen verhindere man so Atemnot, ein Ersticken. Aber es hat sich gezeigt, dass Babys in der Bauchlage häufiger am plötzlichen Kindstod sterben. So kam es im wahrsten Sinne des Wortes zu einer Kehrtwendung – um exakt 180 Grad. Also: Legen Sie Ihr Baby auf den Rücken!

Der zweite Punkt ist Ansichtssache. Und Eltern wissen das. So erklärt sich, dass bei Befragungen der Eltern etwa in den USA – gegen die Empfehlung medizinischer Fachgesellschaften – 50 Prozent der Babys nicht allein im Bett schliefen. Weltweit sind es einige Millionen. Bisher ist wissenschaftlich nicht belegt, dass Schlafen im eigenen Bett einen besonderen Nutzen hat, und vor allem ist nicht geklärt, ob es das Risiko für den plötzlichen Kindstod senkt. Für Babys können allerdings die (überflüssigen) Kissen und Decken im eigenen oder im Bett der Eltern ein Problem sein. Es braucht kein Kopfkissen! Es sollte auch nicht zu warm im Bett sein. Ebenso gefährdet Rauchen im Schlafzimmer das Baby. Oft wird gewarnt, dass schlafende Eltern ihr Kind nicht spüren und förmlich erdrücken könnten, aber nächtliche Videoaufnahmen belegen das Gegenteil.

Sofern tatsächlich etwas Derartiges passiert ist, waren Eltern in der Regel durch Medikamente wie Beruhigungs- und Schlafmittel, Alkohol oder andere Drogen wie betäubt.

Stillen im Bett ist einfach – und entspannend.

Tatsächlich gibt es Hinweise, dass das gemeinsame Schlafen von Mutter und Kind vor dem plötzlichen Kindstod schützt. Der Grund: Schlafende Babys sacken manchmal so tief ab, dass sie beziehungsweise ihr Schlaf-Regulationszentrum im Gehirn das Atmen gewissermaßen »vergessen«. Die Atmung und die Bewegungen der schlafenden Mutter direkt neben dem Baby sollen genau dieses verhindern können.

Ob Ihr Kind bei oder neben Ihnen in seinem eigenen Bett schläft, ist auch eine Frage der Paarbeziehung. Manche Eltern und Kinder genießen das Familienbett, andere nicht. Eltern müssen genügend Schlaf bekommen, und sie sollten sich nicht über Monate in ihrer Liebe und ihrer sexuellen Beziehung gestört fühlen. Als Eltern müssen Sie gemeinsam herausfinden, was Sie wollen. Es gibt viele Möglichkeiten, Nähe und Distanz so zu regulieren, dass das Baby sich nicht verlassen fühlt, die Mutter greifbar ist und die Eltern sich nahe sind.

Gemeinsamer Schlaf macht es leichter

Und was bringt der gemeinsame Schlaf für den Dialog, für die Beziehung? Körperliche Nähe stärkt – wie das Bonding gleich nach der Geburt – das Band zwischen Mutter und Kind. Tatsächlich sind vorübergehende oder anhaltende Depressionen bei Müttern, die ihr Baby

Bedding-in

Wulf Schiefenhövel ist ein Experte für kulturelle Unterschiede in der Mutterschaft und frühen Kindheit und hat sich intensiv mit dem biologischen Sinn gemeinsamen Schlafens von Mutter und Kind beschäftigt (siehe Seite 22). Er spricht vom Bedding-in, andere Wissenschaftler vom Co-bedding oder Co-sleep. Für ihn ist es das angemessene Schlafverhalten wenige oder mehrere Monate nach der Geburt. Und er betont: Erst mit der Einführung des getrennten Schlafens als westlicher Kulturtechnik sei in anderen Teilen der Welt der plötzliche Kindstod als Problem aufgetaucht. Den, das hebt Schiefenhövel besonders hervor, nannte man früher hierzulande »Krippentod«, als Anspielung darauf, dass die Kinder in der Krippe – dem Kinderbett, dem Körbchen, der Wiege – gestorben waren. Nicht im Bett der Mutter.

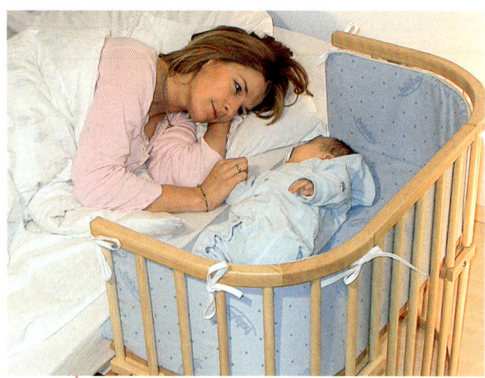

Nah, aber nicht zu nah: das Babybett neben dem Elternbett.

sehr viel bei sich haben, seltener. Und Stillen ist einfacher: Sie müssen dazu nachts nicht aus dem Bett, wenn das Kleine an ihrer Seite schläft. Eine angenehme Möglichkeit, das Baby dicht, aber nicht zu dicht bei sich zu haben, sind Bettchen, die fest mit dem Elternbett verbunden sind, wie die sogenannte Babybucht (Babybay).

Info

Babyschlaf ist anders

- Babys schlafen nicht durch.
- Babys haben ihren eigenen Schlafrhythmus.
- Babys schlafen mehr oder weniger. Werden Babys nachts wach, schlafen sie entweder von allein wieder ein – Sie müssen nicht sofort intervenieren – oder auch nicht.
- Hat sich Ihr Baby daran gewöhnt, bei Ihnen zu schlafen, wird es sich nicht von heute auf morgen an ein eigenes Bettchen gewöhnen lassen.

Mit dem Kind unterwegs

Was gehört zu der üblichen Ausstattung, wenn der Geburtstermin nahe rückt? Der Kinderwagen. Allerdings gilt das nur eingeschränkt, man könnte sagen, nur in Kulturen, die von westlichen Industrienationen geprägt sind. Und selbst dort spielt das Gefährt seine wichtige Rolle noch gar nicht so lange. Die Idee, Kinder in einem Wägelchen auf vier Rädern durch die Gegend zu schieben, kam erst im 19. Jahrhundert auf. Und durchgesetzt hat sie sich bei uns zunächst in den wohlsituierten Familien und erst nach und nach in allen sozialen Schichten.

Babys werden seit Jahrtausenden am Körper transportiert, nicht nur bei den letzten Jägern und Sammlern und wandernden Nomaden, die heute noch auf der Erde leben. Nein, Millionen von Säuglingen wurden und werden bis heute mit auf das Feld oder den Markt genommen. In vielen afrikanischen Staaten, in Teilen Südamerikas und Asiens ist der Kinderwagen nur ein Zeichen von Reichtum, gewissermaßen ein Statussymbol, und etwas setzt er voraus: befestige Wege, besser noch den geteerten Bürgersteig. Weder in der Savanne noch im tropischen Regenwald ist das geeignete Transportmittel für Kinder ein Wägelchen. Dort werden Kinder getragen. Für Eltern hat der Kinderwagen hierzulande eine Reihe von Vorteilen (siehe Seite 69). Wir werden noch sehen, dass er aber auch jede Menge Nachteile hat. Ob Sie sich für ihn entscheiden, überdenken Sie am besten noch einmal, wenn

Sie die Argumentationskette der Verhaltensbiologen nachvollzogen haben. Für diese naturgeschichtlich denkenden Wissenschaftler sind Menschenkinder »Traglinge« (siehe Kasten Seite 70).

Tragen ist mehr als Nähe

Nicht nur bei Kinderwagen, Buggy und Co. gibt es eine riesige Auswahl, auch das Angebot an farbenprächtigen oder dezenten Tragetüchern ist groß. Bei Baby-Tragesäcken oder Tragegestellen für das Kleinkind, die man gegebenenfalls auf zwei Rädern schieben oder wie einen Sitz hinstellen kann, ist das nicht anders. Wenn Sie sich entscheiden, Ihr Kind beim Einkauf oder Spazierengehen zu tragen, dann werden Sie sicher irgendwann zu hören bekommen, dass das gar nicht gut ist, vor allem nicht für den zarten Babyrücken – ein Ammenmärchen. Kulturvergleichende Studien haben gezeigt, dass die Hüftentwicklung des Babys vom Tragen profitiert. Und was seinen Rücken angeht: Bisher ist nicht belegt, dass seine Wirbelsäule Schaden nimmt, wenn ein Baby viel getragen wird. Aber Sie sollten es schon richtig machen und die passende Tragehilfe auswählen. Ganz kleine Babys sind z. B. in einem Tragetuch gut aufgehoben, in dem sie die ersten zwei Monate liegend transportiert werden können, später dann auch sitzend mit gespreizten, angehockten Beinen – zum Wohl der Hüftgelenke. Was wirklich ein Problem sein könnte, ist Ihr eigener Rücken. Die meisten von uns arbeiten wenig körperlich. Das viele Sitzen und die Schreibtischarbeit belasten die Wirbelsäule, erzeugen Verspannungen

und lassen zugleich die Rückenmuskulatur verkümmern. Sie müssen selbst ausprobieren, was geht. Nur: Wenn Sie Ihr Baby gern und viel tragen wollen, dann sollten Sie bald nach der Geburt damit anfangen. Das Kind ist anfangs nicht so schwer, das heißt: Sie haben die Chance, Ihre Muskulatur zu trainieren, sie langsam an das steigende Gewicht zu gewöhnen. Mit der Zunahme Ihres Babys kann Ihre Muskulatur erstarken.

Kinderwagen oder Tragetuch?

Keine Frage, der Kinderwagen hat gute Seiten: Sie können ihn neben der Bank im Park stehen lassen und die Zeitung lesen oder ihn im Restaurant neben den Tisch schieben und in Ruhe essen. Und nicht zuletzt erlaubt er Ihnen, Schuhe mit hohem Absatz zu tragen – was Sie mit Ihrem Baby im Tragetuch vielleicht nicht riskieren würden.

Seit dem 19. Jahrhundert werden Babys in Kinderwagen herumkutschiert.

Traglinge: Babys wollen getragen werden

Wenn Ihr Baby auf dem Rücken liegt, werden Sie bemerken, dass die Beinchen nicht lang ausgestreckt, nicht flach auf der Unterlage liegen. Nein, sie sind meist angezogen, und die Knie fallen über dem Rumpf nach links und rechts auseinander. Das ist die ideale Haltung für das Hüftgelenk, da der runde Oberschenkelkopf und die Pfanne des Hüftgelenks noch nicht voll ausgereift sind und sich – auch durch die richtigen Druckverhältnisse – erst noch endgültig einpassen müssen. Es ist zudem genau die Haltung, die Babys einnehmen, wenn man sie auf den Arm nimmt oder sie sich auf die Hüfte setzt. Nie sind dabei die Beine durchgestreckt. Und: Auch Sie sollten nie versuchen, eine solche Streckung zu erreichen.

Babys sind »Nestschlüpfer«

Woher kommt die Beinhaltung: Unsere Babys sind weder Nesthocker, die sich wie junge Katzen nach der Geburt kaum fortbewegen können und bei denen Augen und Ohren noch verschlossen sind. Noch sind sie Nestflüchter, die wie so viele neugeborene Herdentiere oder gerade geschlüpfte Entenküken sofort bereit sind, der Mutter zu folgen, und wichtige Kontaktsignale, z. B. Lockrufe, verstehen.
Der Verhaltensbiologe Bernhard Hassenstein hat für Lebewesen, deren Sinne nach der Geburt schon recht gut arbeiten, die aber nicht gleich alleine loslaufen können, sondern zunächst am Körper der Mutter mitgenommen werden, den Begriff »Tragling« eingeführt.

Zu den Traglingen zählen auch die Jungen unserer nächsten Verwandten, nämlich der Menschenaffen und Affen. Bei ihnen werden die Nachkommen ebenfalls am Körper getragen. Die Evolution ist aber verschiedene Wege gegangen: Affenkinder haben einen starken Klammerreflex und die Elterntiere ein Fell, in dem es sich festhalten lässt. Unsere Babys haben nur einen schwachen Klammerreflex, die Eltern – genau: kein haariges Fell. Außerdem sind neugeborene Menschenkinder, insbesondere ihr Kopf, dermaßen schwer, dass sie sich nicht allein halten können. Darum müssen Babys von Armen getragen und gestützt werden – oder es übernehmen Tücher, Felle oder Pflanzenfasern diese Aufgabe.

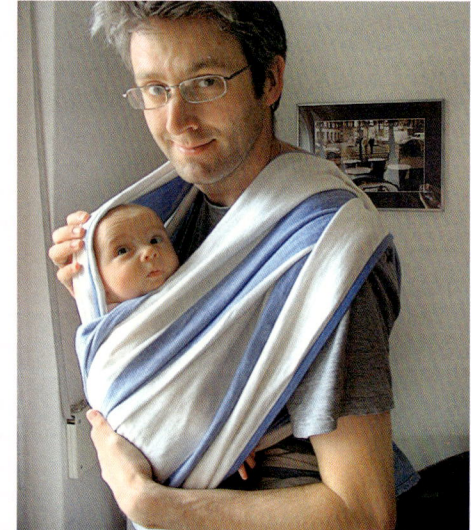

Das Tragetuch: Nähe, Geborgenheit und ein gut abgestützter Rücken.

Aber in den Bus kommen Sie viel einfacher und ohne Hilfe, wenn Sie Ihr Kind tragen. Auch der Bummel über den Markt fällt leichter, Treppen und Rolltreppen im Kaufhaus sind kein Problem. Vor allem aber können Sie am Meer, in der Heide oder im Wald ungehindert spazieren gehen. Und vielleicht genießen auch gern mal der Onkel, die große Schwester oder eine Freundin den engen Kontakt mit Ihrem Kind. Manche Hausarbeit lässt sich prima mit dem Kind auf der Hüfte erledigen, und Sie werden sehen, wie das Kind zunehmend Anteil an dem nimmt, was Sie machen. Aber zugegeben, manchmal ist es kompliziert, und Sie brauchen eine Babywippe, besser noch eine Schwester, Tante, Freundin oder einen Freund, die Ihnen das Baby mal abnehmen. Aber leider sind solche Helfer in unseren kleinen Haushalten rar und in der Regel wie der Lebenspartner berufstätig. Am späten Nachmittag, wenn kleine Babys öfter quengeln oder schreien, wirkt Getragenwerden oft Wunder. Aber das sollten Sie wirklich delegieren, etwa an den Vater, der von der Arbeit kommt. Entspannen Sie sich.

Ein Plus für die Kommunikation

Endlich kommen wir zu anderen Vorteilen des Tragens: Sie beruhen auf der körperliche Nähe zum Kind, die gerade am Anfang eine Art Fortsetzung der Schwangerschaft ist. Und später werden Sie merken, wie schön es ist, dass der kleine Lebensgefährte auf Augenhöhe mit Ihnen ist. Sie teilen damit seine Eindrücke, und es wird eine viel direktere Kommunikation möglich.

Info

Noch ein Tipp

Achten Sie darauf, dass im Winter die Füßchen gut eingepackt sind oder unter Ihrer Jacke verschwinden. Dass manche Eltern mit ihrem Tragling die Skipisten heruntersausen, ist ein Zeichen von stolzem Übermut, zu empfehlen ist es nicht, und in Liften sind Tragetücher und Co. verboten.

Wenn Sie Ihr Baby im Tragetuch mitnehmen, bekommt es bei jedem Schritt Berührungsreize, sein Bewegungs- und sein Gleichgewichtssinn werden ständig angesprochen. Außerdem wird es sich besonders wohl fühlen, denn es »kennt« aus der Schwangerschaft Ihre Art, sich zu bewegen, und fühlt sich sicher, wenn es wie im Bauch eng umschlossen ist. Auf dem Arm oder im Tragetuch spürt es auch Ihren Herzschlag und nimmt Ihren Duft wahr. Wussten Sie, dass bereits zwei Tage alte Kinder ihre Mutter am Duft identifizieren können?
Was das Plus an Nähe für die Entwicklung bringt, ist wissenschaftlich schwer zu ermitteln. Experimente verbieten sich. Aber bei frühgeborenen Babys hat sich gezeigt, dass sie mit engem Körperkontakt zur Mutter schneller und besser gedeihen. Daher sorgt man auf Neugeborenenstationen heute für viel Kontakt von Mutter und Kind, sogar und gerade bei extrem früh geborenen Babys. Einiges spricht dafür, dass beim Tragen durch die Stimulation des Gleichgewichtsinns die Gehirnentwicklung gefördert wird. Aber glauben Sie nicht, die Entscheidung für den Kinderwagen behindere die Entwicklung Ihres Kindes. Das hat niemand belegt. Schmusen Sie mit

Der Tragesack: Man muss ja nicht immer dasselbe im Blick haben.

Ihrem Kind, schaukeln Sie es auf den Knien oder in einer Wiege, wenn Ihr Rücken nicht mitspielt oder andere Gründe gegen viel Herumtragen sprechen.

Nähe = Kommunikation auf allen Kanälen

Als Mutter erhalten Sie natürlich beim Tragen ganz andere Signale, als wenn Ihr Baby im Kinderwagen liegt und sein Gesichtchen über einen Meter von Ihnen entfernt ist. Am Körper spüren Sie jede Unruhe, werden früh merken, wann es gestillt werden möchte oder ob es schmerzhafte Blähungen entwickelt. Auch leise Babylaute und das Mienenspiel können Sie viel besser wahrnehmen.

Die größere Nähe und eine Kommunikation, die nicht nur überwiegend visuell erfolgt, sondern auch auf anderen Kanälen, erklären womöglich, warum Mütter, die ihr Kind viel tragen, sich in Studien als besonders feinfühlig erwiesen haben. Das heißt, sie reagierten besonders prompt und zuverlässig auf die Signale ihres Kindes.

Auch das Baby nimmt in dieser Situation die Mutter oder den Vater anders und besser wahr, lernt umfassender deren Verhalten kennen. Dadurch, dass Träger und Tragling mit Augen und Ohren auf gleicher Höhe sind, stehen automatisch dieselben Dinge im Fokus ihrer Aufmerksamkeit. Vor allem aber kann das Baby mit der Mutter – oder wer immer es trägt – mit zunehmendem Alter besser in einen Dialog treten. Beide sehen einander aus der Nähe an oder nehmen die Umwelt aus ähnlicher Perspektive wahr. Das, was man auch »joint attention« (»gemeinsame Aufmerksamkeit«) nennt, ist eine wichtige Voraussetzung für die Erweiterung des Dialogs, der mit der Zeit immer mehr Menschen und Gegenstände einbezieht. Beim Einkauf, bei einer Stehparty oder beim Spaziergang mit einem Freund ist das Kind nah am Geschehen dran. Und wenn es müde ist, kann es sich abwenden und einschlafen. Diese Regulationsmöglichkeit hat und nutzt auch jedes Kind, das im Kinderwagen geschoben wird. Aber dort schaut es im aufmerksamen, wachen Zustand entweder in den langweiligen Himmel, in Ihre Richtung, oder es schaut nach vorn, also in dieselbe Richtung wie Sie. Da stimmt dann womöglich der Fokus überein, aber es ist viel komplizierter, sich auszutauschen – über den großen Hund, der über die Straße fegt, oder das Feuerwehrauto, das vorbeidüst.

Denken Sie nun, das versteht mein Baby doch gar nicht? Richtig, anfangs nicht die einzelnen Wörter, aber es merkt, dass Sie mit ihm sprechen, und es nimmt zwei Botschaften wahr. Erstens: Ich bin ein Gesprächspartner. Zweitens: Da sind Dinge außerhalb von uns beiden, über die es etwas zu sagen gibt.

Auch ein Dialog: gemeinsames Spielen

Manche Erwachsenen meinen: Ich kann mit dem Baby noch gar nichts anfangen, ich kann nicht mit ihm spielen, wie soll ich überhaupt mit ihm spielen. Dabei vergessen sie, dass jedes Kitzeln, Lächeln, Kuscheln, Herumalbern schon ein Spiel ist. Gerade am Anfang ist diese Interaktion, das soziale Spiel, das A und O. Schon für die ganz Kleinen gibt es immer mehr Spielzeug, das pädagogisch wertvoll sein soll, also die Sinne, das Gehirn und die Bewegungen anregt und das Lernen fördert. Aber natürlich tut das auch jeder Gegenstand, den Ihr Kind in den Mund nimmt, betrachtet, mit den Fingern befühlt und begreift. Der glatte Löffel, das weiche Tuch, die Babyhaarbürste, die Sie ihm reichen.

Der »Sinn« des Spielens

Viele Wissenschaftler haben sich darüber Gedanken gemacht, was Spielen ist und wozu es gut ist. Die Antworten sind ebenso vielfältig. Klar ist allerdings, dass nicht gespielt wird, um zu lernen. Das Lernen ist ein, wenn auch wichtiger, Nebeneffekt. Spielen macht Spaß, ist ein Vergnügen – und das soll es ebenfalls für Sie, die Eltern, sein. Verwechseln Sie das Spielen mit Ihrem Kind also nicht mit einem Kompetenztraining.

Feinfühligkeit wird Ihnen dabei helfen herauszufinden, was Ihrem Baby Spaß macht. Wenn Sie das Glück haben, dass in Ihrem Bekanntenkreis auch Kinder sind, bekommen Sie sicher von dort einige Ideen. Falls nicht, hier ein paar Tipps für das sogenannte Objektspiel.

Rasseln, Babybücher, Kasperlepuppen und Co.

Im ersten Halbjahr mögen Babys Melodien, aber ebenso eine Rassel oder Figuren, die sich als Mobile bewegen. Auch ein kleiner weicher Ball ist beliebt, weil er sich gut packen lässt. Und am ersten Kinderbuch aus Holz oder mit Plastik überzogen, das man in den Mund nehmen, aber auch betrachten kann, führt sicher kein Weg vorbei. Mit Interesse untersuchen die Kleinen mit Mund und Händen alle erreichbaren Objekte, lernen so deren Eigenschaften und verschiedene Materialien kennen. Gern spielen Babys auch mit ihren Händen und Füßen.

Im zweiten Halbjahr finden Kinder vor allem daran Spaß, Dinge zu verändern: Sie zu drehen, zu rollen, zu schieben, irgendwo reinzustecken und rauszuholen. Spiele, bei denen etwas verschwindet und wieder auftaucht, etwa die Kugel im Tunnel der Kugelbahn, das Gesicht des Vaters hinter der Tür, der singende Kasperl hinter dem Rücken der Oma. Zunehmend großes Vergnügen bereitet auch alles, was man umstoßen, hinter sich herziehen oder vom Tisch fegen kann. Denken Sie daran, wenn das Baby immer wieder seinen Schnuller, die Teeflasche oder ein Spielzeug aus dem Buggy oder vom Kinderstuhl wirft. Das ist ein Spiel. Es fällt genau genommen in die Rubrik der Gugus-Dada-Spiele, etwas ist da, verschwindet (hinterm Rücken, unterm Tuch) und ist plötzlich wieder da.

Im Dialog

Die Sprache zwischen Eltern und Baby hat viele Facetten. Die Verständigung funktioniert anfangs auch ohne Worte. Beobachten Sie den Gesichtsausdruck Ihres Babys und seine Körperhaltung, daraus können Sie vieles ablesen. Worauf Sie achten müssen, erfahren Sie in diesem Kapitel. Erwarten Sie aber kein Wörterbuch für Babysprache! Ihre Beobachtungen und Ihr Feingefühl sind unersetzlich.

Sprechen mit dem Baby

Wundern Sie sich denn nicht? Nein, überhaupt nicht! Worüber auch? Darüber, dass Sie mit Ihrem Baby reden. Dass Sie ihm erzählen, was es noch nicht versteht, dass Sie es anlächeln, wenngleich es noch nicht zurücklächeln kann, dass Sie es den Duft der Rose atmen lassen, obwohl es noch keinen Begriff von der Rose hat.

In der Tat, niemand braucht sich zu wundern. Wir alle machen es so, dass wir Babys von Anfang an in Gespräche einbinden, sie in unser soziales Gefüge holen, mit ihnen interagieren. Das notwendige Repertoire ist auf beiden Seiten vorhanden: Als Starterkits haben wir diese wichtige Startausrüstung des Babys und seiner Eltern bezeichnet (siehe Seite 27 ff. und 40 ff.). Und übrigens: Wir sprechen nicht zweckgerichtet, nicht damit die Kleinen etwas lernen oder damit sie uns kennenlernen. Wir tun es intuitiv, weil es uns Spaß macht, weil Babys Interesse zeigen und auf ihre Weise mitmachen – je nachdem, wie weit ihre Entwicklung bereits ist. Der Austausch, das Miteinander der ungleichen Partner ist lustvoll, wird als ein unbeschwertes Zusammenspiel erlebt. Der Psychologe Daniel Stern, der viele Eltern-Kind-Paare beobachtet hat, hat es einmal ohne Umschweife so charakterisiert: »Wir haben es mit einem menschlichen Happening zu tun, das … kein anderes Ziel kennt als das, mit einem anderen zusammen zu sein und das zu genießen«.

Spielerisch kommunizieren lernen

Im ersten Vierteljahr entwickelt sich dieses Spiel, bei dem die Gesprächspartner einander ansehen, besonders rasant: Anfangs besteht es nur aus kurzen Momenten und hat seinen Höhepunkt schon erreicht, wenn wir dem Baby über die Wange streichen, es seine Augen aufschlägt und uns anschaut.

Nach wenigen Wochen dann das: Das Kleine liegt vor uns auf der Babydecke, und wir erzählen von seiner kleinen Freundin oder der Großmama, die in einer Stunde zu Besuch kommen wird. Wie gebannt scheint es die Worte aufzusaugen. Sein Körper beginnt mitzuschwingen. Er bewegt sich im Rhythmus der Sprechmelodie. Lautes und schnelles Sprechen regt seine Bewegungen an. Bei Pausen hält es inne, um sich danach erneut in seinen Bewegungen der Intensität und dem Tempo der Sprechweise anzupassen. Auf einmal wird es ruhiger, der Mund bewegt sich, ein zartes »Äh« ist zu hören. Wir sind glücklich, lächeln. »Ähähäh«, ist die Antwort unseres Babys.

Das »Sprechen« ohne Worte klappt schon früh.

Mit vier, fünf Monaten funktioniert die Kommunikation schon so: Das Baby lächelt uns an, wenn wir ins Zimmer kommen, jubelt »uäuä«, streckt uns die Arme entgegen, hört aufmerksam zu, wenn wir ihm sagen: »Ja, gleich kommst du auf den Arm.« Und antwortet vielleicht mit einem freudigen »Äräräärärä«. Es ist keine Frage, solche Zwiegespräche sind sehr individuell, Mutter und Kind wie auch Vater und Kind entwickeln eigene Stile der Interaktion. Und doch gibt es Gesetzmäßigkeiten in diesen spielerischen Dialogen und in ihrer Entwicklung. Eltern erspüren und berücksichtigen die Regeln, wenden sie an. Kleine Missverständnisse gehören dazu, schwerwiegende gibt es nur selten. Eltern sprechen nicht nur anders mit ihrem Baby als untereinander, sie erkennen auch, was ihr Baby mag, wie sie sein Interesse regulieren können und wie

sich seine Bedürfnisse mit der Zeit verändern. Je kleiner Babys sind, desto stärker sind sie ihren inneren Erregungszuständen ausgeliefert und desto kürzer sind die Momente, in denen sie aufmerksame Spielpartner sind. Mit den ersten Wochen werden diese Aufmerksamkeitsphasen länger und immer bedeutsamer werden dann die äußeren Reize. Zum Beispiel: Lächelt die Mutter nicht nur, sondern schüttelt dabei auch noch den Kopf und ihre Haare wehen, dann weckt sie wahrscheinlich nochmals die Aufmerksamkeit ihres Babys, das eigentlich schon total müde ist. Und wenn sie nun noch zur Rassel greift, dann macht das Kleine vielleicht noch etwas länger mit. Aber nur vielleicht! Es kann auch die Stirn kraus ziehen und gleich darauf zu quengeln oder zu schreien anfangen. Genug ist genug.

Von Neugier zur Erschöpfung

In vielen Experimenten hat man untersucht, welche Reize für Babys besonders attraktiv sind, und hat herausgefunden, dass bestimmte Muster länger angeschaut werden als andere. Aber keine Frage, die einen wie die anderen werden nach einigen Sekunden langweilig. Babys möchten immer wieder Neues. Sie lassen sich durch Neues zu mehr Aufmerksamkeit verführen, lassen sich länger wach halten. Aber ganz rasch kann es ihnen zu viel sein.

Ihre Möglichkeit, aufmerksam zu bleiben, ist plötzlich erschöpft. Sie wollen ihre Ruhe haben.

Es waren längst zu viele verschiedene Reize für das Baby. Das Baby ist überfordert, überdreht. Vielleicht war der neue Reiz auch zu fremd, zu furcht-

---

Info

Persönliche Stile

Eltern sind verschieden, bereits Vater und Mutter desselben Babys reagieren unterschiedlich. Eine Mutter hebt zunächst die Stimme, wenn sie mit ihrem schreienden Kind spricht, und moduliert langsam den Tonfall, sobald sie bemerkt, dass ihr Kind »zuhört«. Vielleicht trägt der dazugehörige Vater sein schreiendes Baby lieber herum und versucht es abzulenken. Eine andere Mutter schaukelt ihr Baby sanft, um es durch den stereotypen Rhythmus zu beruhigen. Und der Vater singt gerne, wenn das Kleine quengelig ist oder schreit. Weder das eine noch das andere ist falsch oder richtig.

erregend für das Kind. Denn: Babys lieben, was sie kennen, und bevorzugen dabei die kleinen Veränderungen – nicht die großen.

Mütter, Väter und alle, die sich feinfühlig um ein Baby kümmern und es kennen, berücksichtigen ganz unbewusst seine Bedürfnisse, Vorlieben: Sie wiederholen – aber nicht stereotyp –, machen alles langsamer, legen längere Pausen ein und variieren immer nur ein wenig. Dies ist Teil des intuitiven »Betreuungsprogramms«.

Und so lernt das Baby im ersten Jahr ganz ohne zielgerichtetes Training, sondern nur durch Nähe und verführerisches Spiel, worauf es ankommt: Zunächst im Gesicht der Mutter, in der Stimme des Bruders, der streichelnden Hand des Vaters eine vertraute Personen wiederzuerkennen. Und sodann das bekannte Gesicht, die bekannte Stimme, die bekannte Berührung von fremden zu unterscheiden.

Lernfeld Interaktion

Von Anfang an sind Babys sozial, reagieren auf Stimmen oder den Duft der Mutterbrust und senden durch Mimik, Laute oder ein Anschmiegen Signale aus. Aber etwas fehlt: Sie ahnen nicht, »bedenken« nicht, was in anderen Menschen vor sich geht, warum die Mutter jetzt dies, der Vater das oder der große Bruder immer wieder jenes macht. Babys und Kleinkinder sehen die Welt nur mit ihren Augen, aus ihrer Perspektive, durch ihre Bedürfnisse hindurch.

Sie empfinden sich zunächst sogar als Teil oder Verlängerung ihrer Mutter. Erst wenn sie die eigenen Hände und Füße in den Mund stecken und erkunden,

beginnen sie den eigenen Körper mit seinen Grenzen zu erfahren. Ein Schritt auf dem Weg zum »Ich« ist getan. Weitere Impulse auf dem Weg zur »Selbsterkenntnis« erhalten sie im täglichen Austausch mit anderen, also in der Interaktion, der Kommunikation, im sozialen Spiel. Im Geben und Nehmen, Fragen und Antworten erleben sie, dass hinter den Signalen und Handlungen der anderen etwas steht: Wünsche, Ziele, Gefühle. Mit dieser Lektion sind Kinder gerade die ersten drei Lebensjahre stark beschäftigt. Und jedes Kind lernt ganz nebenbei, dass auch sein Mienenspiel, seine Laute und Aktionen nicht nur als das genommen werden, was sie sind, sondern als Ausdruck von etwas. Salopp gesagt, es merkt, dass die anderen mit Unterstellungen arbeiten:

Das Kleine schreit, weil es Hunger hat, lächelt, weil es ihm gut geht, dreht den Kopf weg, weil es seine Ruhe haben will, juchzt, weil es ihm Spaß macht und das Kitzelspiel weitergehen soll.

Mit einem halben Jahr wenden sie diese wichtige Lektion auch schon selbst an. Das heißt: Schreien, damit es etwas Nahrhaftes gibt, den Kopf zu Seite drehen, damit etwas Neues fixiert werden kann, Juchzen, damit das Spiel weitergeht.

Das Zwiegespräch als Tanz

Zuerst schlafen sie nur. So hieß es früher. Außer sie haben Hunger und schreien. Oft schreien sie, weil die Windel nass ist. Und: Schreien kräftigt die Lungen. So meinte man lange Zeit.

Wie wir schon festgestellt haben, ist das Baby von Anfang an kein passives Wesen. Mit einem Baby sind wir ständig – außer wenn es schläft – im Gespräch: ein permanenter Austausch von Mimik, Gebärden, Lauten, Berührungen. Immerzu findet Interaktion statt, beim Baden und Windelnwechseln, beim Anziehen, Stillen, wenn das Baby auf dem Arm ist, im Kindersitz, wenn es unzufrieden ist und schreit. In diesen alltäglichen Situationen gibt es immer wieder Momente, die nur einige Sekunden oder Minuten andauern, in denen das Zwiegespräch ganz besonders intensiv ist. Ruhige und lebendigere Phasen wechseln sich in diesen speziellen Momenten ab, in denen Klein und Groß aufeinander fokussiert sind und jede andere Aktivität unterbrechen, unterlassen. Mal ist der eine, mal der andere aktiver, mal schwingen die beiden Partner im Gleichklang.

Daniel N. Stern und T. Berry Brazelton haben diese sozialen Spielphasen besonders genau untersucht, die »Choreographie dieser Tänze«, wie Stern das Geschehen nannte. Und sie haben gezeigt, dass es nicht einfach als Reiz und als Reaktion auf den Reiz zu verstehen ist. Was sich abspielt, ist viel komplexer. Und dieser Tanz ist keineswegs bewusst machbar, gezielt produzierbar. Dazu antworten Eltern ihren Babys viel zu schnell, dazu ist das Verhalten der Kleinen zu wenig vorhersagbar und das, was sich abspielt, zu variabel. Dennoch haben beide Wissenschaftler nach Strukturen in den frühen Dialogen gefahndet. Und fanden einiges. Bei diesen intensiven Momenten des Zwiegesprächs gibt es immer so etwas wie eine Einleitung – z. B. Blickkontakt und ein Lächeln – und eine Beendigung

Info

Unbewusstes Verhalten

»Ich will diese Verhaltensweisen nicht etwa beschreiben, damit Betreuungspersonen sie nachvollziehen oder ›besser machen‹ können. Betreuungspersonen zeigen sie meist ganz natürlicherweise, fast unbewusst.«
(Daniel N. Stern über den »Tanz«)

– z. B. den Kopf abwenden. Dazwischen wird die Interaktion vielfältig reguliert und gezielt aufrechterhalten. Oft ist es so, dass Einleitung und Beendigung vom Säugling abhängen. Anfangs, bei den ganz Kleinen, betrachten wir alle – und vor allem die Mutter – bestimmte Verhaltensweisen des Kindes als Aufforderung zum sozialen Spiel. Im Verlauf der ersten vier Monate übernimmt das Baby dann jedoch immer häufiger und direkter die Initiative. Allerdings: Regulation und Aufrechterhaltung der Interaktion, des Tanzgeschehens liegen vor allem in der Hand des Erwachsenen. Erstens, weil ihm sehr an dem Zwiegespräch liegt, und zweitens, weil er in der Lage ist, das Baby für sich zu interessieren. Er erkennt, ob das Baby bereit ist für den »Tanz«, also aufmerksam ist, oder ob es nicht mehr mag und z. B. eine Pause braucht.

Zwiesprache – so könnte sie aussehen

Gerade haben Sie Ihre Tochter gewickelt und wollen nur noch den Strampelanzug zuknöpfen. Da schaut die Kleine Sie an, schaut auf Ihr Gesicht, in Ihre Augen. Blickkontakt. Und Sie werden lächeln und wie zur Begrüßung etwas sagen wie »Hallo, meine Kleine«. Und Ihre Augen werden weit geöffnet sein, die Brauen hochgezogen, und Sie werden den Kopf heben und seitlich neigen. Lächelt Ihr Schatz auch nur ein klein wenig, dann lächeln Sie wahrscheinlich noch strahlender, und wenn Ihr Baby dabei heftig strampelt, werden Sie womöglich laut lachen und das Kleine einladen, noch mehr zu strampeln: »Ja tüchtig, das machst du ja prima.«

Wenn Sie dann aber merken, dass das Interesse Ihres Babys nachlässt, werden Sie sich sicherlich zurücknehmen, der Tochter eine Pause gönnen. Es kann natürlich auch passieren, dass Sie selbst zu sehr in Schwung sind und es plötzlich mit einem unzufriedenen, zappeligen Baby zu tun haben. Und wenig später werden Sie vermutlich nochmals versuchen, ein Interesse bei Ihrer Tochter hervorzulocken.

Aber es kann auch sein, dass Ihr Baby selbst wieder aktiv wird, eine Silbenkette von sich gibt – »bababa« – und Sie dazu verleitet, mit »bababa, bababuh« zu antworten. Die Kleine hält mit ihren Bewegungen inne und lauscht. Sie wollen ihr eigentlich schon den Strampelanzug zuknöpfen, aber nochmals verwöhnt das Baby Sie mit einem »Bababa, bababa«. Und Sie machen mit und sagen vielleicht: »bababa, ja, bababa ... Baby. Du bist unser Baby.« Sie erweitern die Silben Ihres Kindes und formen daraus ein »echtes« Wort.

Und dann: Irgendwann blickt Ihr Baby weg, zum Fenster oder auf die Cremedose. Oder es versucht, sich wegzudrehen. Ende der Vorstellung, Ende des Tanzes.

So »tanzt« der Erwachsene mit seinem Baby

- Er spricht in der Ammensprache, lächelt viel, bewegt den Kopf zur Untermalung des Gesagten.
- Wählt ein langsames Tempo, das den kindlichen Verarbeitungsmöglichkeiten entspricht. Das Baby wird daher nicht mit Signalen überschüttet.
- Wiederholt und variiert, was er tut und sagt, so dass es dem Kind leichtfällt, etwas wiederzuerkennen und sich daran zu erfreuen.
- Setzt seine Signale oder Redebeiträge so, dass daraus ein Dialog entsteht, in dem sich die Partner abwechseln und nicht etwa ständig einander ins Wort fallen.
- Schwingt mit, indem er die Mimik des Kindes nachahmt oder dessen Laute aufnimmt, sie mitmacht und wiederholt.
- Nimmt sich zurück, wenn die Aufmerksamkeit des Babys schwindet, so dass es sich erholen kann,
- Versucht, das Gespräch wieder in Gang zu bringen, indem er testet, ob das Kleine sich erneut auf Blickkontakt einlässt.
- Berücksichtigt den Zustand des Kindes, das ja nicht immer – und anfangs nicht lange – zu Zwiegesprächen bereit ist.

In einem solchen Interaktionszyklus geschieht vieles gleichzeitig: Laute, Berührungen, Blicke, Lächeln. Das Besondere an diesen »Tänzen« ist, dass Erwachsene nicht einfach auf Signale des Babys – einen Laut, ein Lächeln – reagieren. Das Antworten auf Signale ist nur ein erster Schritt, doch ohne darüber nachzudenken, verlocken sie ihr Kind, mehr zu geben, mitzumachen. Und sie schaffen es, ohne viel darüber nachzudenken, ihr Baby bei der Stange zu halten und in diesem Tanz auch noch besondere Leistungen ihres Kindes zu ermöglichen, zu unterstreichen, zu belohnen: nämlich indem sie reagieren. Und dadurch, dass sie das prompt und zuverlässig machen, lernt das Babys spielend dazu (siehe Kasten).

Eltern stehen also bereit und agieren, so wie der Tänzer, der entweder seine Partnerin beim Pas de deux im richtigen Moment hoch in die Luft hebt und sanft wieder auf den Boden setzt oder sie nach einem Sprung in seinen Armen auffängt oder mit ihr in abgestimmter Schrittfolge harmonisch über den Tanzboden gleitet.

Alle tanzbereit?

Nicht nur Mutter und Vater können wunderbare Zwiegespräche mit ihrem Baby führen, auch Großeltern, Urgroßeltern, alle Erwachsenen, ob sie Kinder haben oder nicht, auch Jugendliche und sogar Kinder sind dazu in der Lage. Eine Frage des Alters oder der »Mutterhormone« ist dies offenkundig nicht. Und gezielt gelernt werden muss es auch nicht. Das »ammenmäßige« Sprechen mit dem

Vertraute Erwachsene: die besten Lehrer

Natürlich haben sich Säuglingsforscher immer wieder damit beschäftigt, was und wie Babys lernen. Bei vielen Verhaltensweisen spielt der Erfolg als Belohnung ein große Rolle. Er ist Ansporn, es wieder zu versuchen: Das Kind, das greift und anschließend etwas in der Hand hält, ist belohnt, ebenso das Kind, dessen trällerndes »Brrr« von der Mutter mit einem schlichten »Brrr« oder einem »Brrbrrbrr« beantwortet wird. Ganz wichtig ist dabei, dass die Belohnung kurz nach dem Baby-Verhalten erfolgt, binnen einer Sekunde. (Man spricht von zeitlicher Nähe, Kontingenz.) Also nicht erst ein paar Minuten später, denn dann geht der Zusammenhang verloren. Schon mit drei Monaten können Babys lernen – die entsprechende Apparatur vorausgesetzt – durch Saugen an einem Schnuller, eine kleine Melodie nochmals zu hören oder ein Dia scharf zu stellen. Aber eben nur, wenn der Erfolg jeweils unverzüglich eintritt.

Im Alltag erleben Babys genau diese schnellen Erfolge: im Zwiegespräch mit ihren vertrauten Personen. Auf einen Laut des Kindes antwortet die Mutter mit einem Lächeln und sagt: »Oh, wie schön.« Und wenn das Kind auf dem Arm des Vaters gebannt zum Mobile schaut, wird er sehr wahrscheinlich dorthin gehen und es anpusten, damit es sich bewegt. Oder er wird fragen: »Möchtest du zum Mobile?« – Und das Kleine schaut weiter dorthin. – »Na, dann wollen wir mal zum Mobile gehen.«

Baby und die übertriebene Mimik gibt es überall auf der Welt. Ob jüngere Schulkinder in der Regulation und der Aufrechterhaltung der Zwiesprache schon so gut sind wie Jugendliche und Erwachsene, ist wissenschaftlich nicht geklärt. Allerdings sind Kinder mit ihren hellen Stimmen, ihrem vielen Lächeln und ihrer Munterkeit für Babys besonders attraktiv und veranlassen sie zum Hingucken, Lächeln, Vokalisieren.

Der vokale Dialog

Der vokale Dialog, der mit der Stimme, mit den Lauten funktioniert, ist es etwas ganz Besonderes im Rahmen der frühen Zwiegespräche. Denn durch ihn und aus ihm heraus entwickelt sich die Sprachkompetenz, und es entstehen die ersten echten sprachlichen Dialoge: das Miteinandersprechen.

In den 1970er Jahren haben Wissenschaftler enorm davon profitiert, dass einerseits genaue Videoanalysen des Verhaltens möglich wurden und andererseits Laute in ihrer Dauer und in ihrem Frequenzverlauf bildlich aufgezeichnet werden konnten. Auf dieser Grundlage wurden auch die vokalen Dialoge mit Babys untersucht. Und was zeigte sich? Die Ammensprache ist das ideale Rezept für einen gelungenen Dialog. Die einfachen Sätze, die Dehnung der Silben, die langen Pausen zwischen Äußerungen, all das führt dazu, dass Babys eine Chance haben, sich zu äußern – und es entsteht der Eindruck, dass sie ihrer Mutter antworten. Schon dem wenige Tage alten Kind gelingt es auf diese Weise, zwischen die Redebeträge seiner Mutter oder anderer Gesprächpartner zu kommen. Daraus ergibt sich ein Wechselspiel: die Parts von Mutter und Baby wechseln sich ab. So lernt das Kleine von Anfang an, dass es entweder dran ist, den »Turn« hat (Turn-taking), oder nicht. Und dadurch, dass die Mutter wiederholt, was das Baby gerade hat »verlauten« lassen, erfährt es seine Wirkung auf die andere Person. Indem die Mutter schließlich das, was sie wiederholt, noch variiert und der Babysprache angleicht – »babababa, baba, Baby« –, bringt sie dem Kind das Sprechen bei, indem sie das Wort »Baby« bildet. Andererseits, nicht alles im vokalen Dialog ist unbewusster, spontaner Turn-taking-Unterricht oder Sprachschulung. Oft macht eine Mutter den Laut ihres Kindes mit, klinkt sich ein, und beide vokalisieren »unisono«. Das ist eine Form des Mitempfindens, der Empathie. Mit den Stimmlauten und Sprachmelodien passen wir uns den Lauten des Kindes an, und wir tun das auch dann, wenn das Kind traurig schluchzt oder weint. Da stiftet das gemeinsame Tun Vertrauen, Bindung.

Dialog mit Blicken

Blickkontakt mit einem Baby zu haben, ihm in die Augen zu schauen und von den großen, weit offenen Augen angeschaut zu werden, das ist immer ein beglückender Moment. Für die Eltern, für Großeltern, aber auch für große Geschwister, Jugendliche. Erste Zwiegespräche entwickeln sich aus diesem Anschauen, einander ins Gesicht sehen – von Antlitz zu Antlitz. Sie entstehen vor allem, wenn das Baby in einem ruhigen, aufmerksamen Zustand ist. Und im Verlauf des ersten Jahres wird immer deutlicher, wie der Blick den Dialog lenkt, reguliert.

Schritt 1:
ins Gesicht schauen

Einem Neugeborenen werden Sie wahrscheinlich nur ganz ruhig in die Augen schauen, werden ihm intuitiv nicht zu viel »Unterhaltung« zumuten. Aber Sie werden nicht umhinkönnen, zu lächeln, den Kopf zu neigen, das Baby leise anzusprechen. Das ist genau das, was die ganz Kleinen mögen: ein wenig Stimme und Bewegung. Denn selbst im optimalen 25-cm-Abstand von Gesicht zu Gesicht sehen sie nicht ganz scharf, bemerken aber die Bewegung.

Aus Tests mit verschiedenen Mustern geht hervor, dass Neugeborene Muster mögen, die eine gewisse Komplexität haben – also nicht etwa regelmäßige Streifen. Es sind übrigens nicht allein die typischen Hell-dunkel-Kontraste eines Gesichts, die das Neugeborene faszinieren. Es ist eher das Oval oder Rund »mit etwas drin«. Und dieser Präferenz entspricht haargenau das, was Babys von Geburt an sehen: Gesichter, die bedeutsam für sie sind (siehe auch Seite 33–35).

Anfangs haben Sie vielleicht noch nicht das Gefühl, mit Ihrem Kind richtig in Kontakt zu kommen. Das liegt daran, dass das Baby Sie noch nicht wirklich fixiert und noch nicht mit beiden Augen diesen intensiven Kontakt beibehält. Das wird ihm erst im zweiten Lebensmonat möglich sein.

Schritt 2:
in die Augen schauen

Ein besonderes Erlebnis ist es, wenn Sie das erste Mal den Eindruck haben, dass der oder die Kleine in Ihre Augen schaut und dabei die Kulleraugen förmlich aufleuchten. Und daraus ergeben sich ganz neue Möglichkeiten für das Zwiegespräch. Studien haben gezeigt: Von nun an ist das Mienenspiel der Erwachsenen viel ausgeprägter, und die Ammensprache wird intensiver genutzt. Mütter und Väter erleben ihr Kind als Partner einer Interaktion und reden dadurch mehr mit ihm als zuvor. Ein Baby, das seine Mutter anschaut, wird sofort begrüßt: Mit einem freundlichen Lächeln, einem Augenaufschlag und sicher mit ein paar Worten: »Na, du schaust mich ja an?« – »Hast du genug getrunken?« – »Hallo, meine Kleine.«

Und Sie werden bemerken: Eine ganze Zeitlang hört das Baby Ihnen aufmerksam zu, schaut Sie an, wenn Sie mit der Zunge schnalzen, die Lippen bewegen, den Kopf wiegen, ihm etwas erzählen. Aber nach einer Weile ist es ihm zu viel, es wird unruhig und wendet vielleicht seinen Blick ab. Sie erkennen daran: Schon früh haben Kinder die Möglichkeit zu regulieren, wie viel Stimulation sie möchten, wie viel Interaktion zustande kommt. Wir müssen nur bemerken, wie viel sie zulassen – müssen einfühlsam reagieren, feinfühlig sein. Probieren Sie das mal aus: Wenn Ihre Tochter oder Ihr kleiner Sohn nicht (mehr) mag, wird sie oder er Ihnen entkommen, den Kontakt abbrechen. Selbst wenn Sie Ihren Kopf so wenden, dass Sie erneut dem Kind in die Augen blicken.

Was Ihr Kind zeigt, wenn es den Blick oder den Kopf wegdreht, ist kein Desinteresse. Nein! Ihr Kind wendet sich ab, weil aufmerksam zu sein, hinzuschauen, zuzuhören anstrengend ist. Es sagt: »Mama, gönn mir eine Pause.« Oder: »Papa, ich bin erschöpft.« Vielleicht hat es nach einiger Zeit Lust und Kraft, den Dialog wiederaufzunehmen. Übrigens, selbst die höchst interessierten Babys können sich zunächst nur wenige Minuten konzentrieren. Diese Zeitspanne wird jedoch rasch länger. Mit einem halben Jahr sind Kinder manchmal schon eine halbe Stunde lang »bei der Sache«, lassen sich in ein Gespräch verwickeln. Ob Ihr Kind gerade Interesse an einem Dialog hat, das erkennen Sie schnell. Und je nachdem, wie alt es ist und was es schon alles kann, verändern sich seine Hinweise. Hier die wichtigsten:

Bereit für einen Dialog

- Blickkontakt ist möglich und wird aufrechterhalten.
- Das Baby lächelt.
- Es macht »schöne« Laute.
- Das Baby erscheint erregt, und seine Lippen bewegen sich, als wollte es etwas sagen.
- Die Ärmchen werden Ihnen entgegengestreckt.
- Es untersucht mit den Händchen oder dem Mund, was Sie ihm zum »Spielen« gegeben haben.

Kein Interesse

- Blickkontakt kommt nicht wirklich zustande.
- Das Baby wendet sich ab.
- Sein Gesichtsausdruck ist neutral, verdrießlich.

- Das Baby bringt keine wohlklingenden Laute über die Lippen.
- Es ist keine positive Erregung erkennbar.
- Der kleine Körper ist offensichtlich angespannt oder schlaff.

Schritt 3: mit Blicken folgen und den Kopf drehen

Mit etwa drei Monaten ist der Augensinn so weit gereift, dass die Kleinen etwa so scharf sehen wie Erwachsene. Daher können sie nun Dinge, die sich bewegen, mit ihren Augen verfolgen. Das wiederum heißt: Ihr Kind kann Ihnen mit dem Blick folgen. Es sieht Sie in der Tür stehen, sieht Sie kommen oder gehen – der Kommunikationsradius erweitert sich. In dieser Zeit gelingt es einem Baby immer besser, seine Hals- und Nackenmuskulatur zu kontrollieren. Das bedeutet, es schaut nicht nur dorthin, wo es hinblicken will, sondern seine Kopfbewegungen sorgen dafür, dass es sieht, was es sehen will.

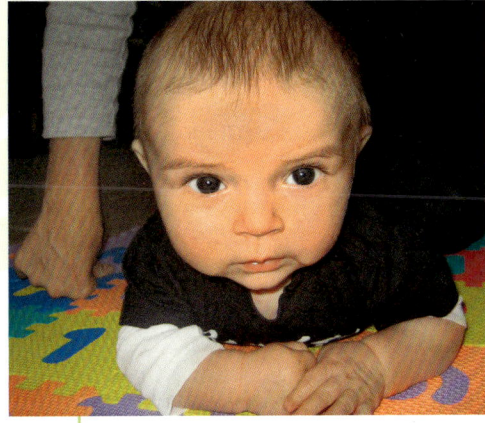

Endlich sind Hals und Nacken stark genug für ausschweifende Blicke

Immer öfter werden Sie erleben, dass Ihr vier oder fünf Monate altes Kind sich auch einmal abwendet, wenn Sie mit ihm schäkern oder spielen. Oder es senkt den Kopf, wenn es ein »Gespräch« beenden will. Ihm scheint langweilig zu sein, es schaut zum Fenster, wo die Gardine flattert, zum schwingenden Mobile, zur Schwester, die ins Zimmer stürmt, oder einfach im Raum herum. Es ist also auf der Suche nach Neuem, Reizvollem, so könnte man sagen. Wahrscheinlich werden Sie ohne viel Nachdenken fragen: »Willst du dir das rote Auto (unseres Mobiles) anschauen?«, »Schau mal, deine Schwester ist zurück« oder »Oh, wir müssen das Fenster schließen«.

Das bedeutet, Sie lassen sich vom Blick, vom Interesse Ihres Kindes leiten, binden das, was es anschaut, in den Dialog ein. Sie erweitern seinen Horizont, indem Sie aus der dyadischen Kommunikation eine trianguläre machen: Aus dem Dialog mit zwei Ecken – Sie und Ihr Baby – ist eine Dreieckskonstellation mit drei Ecken – Sie, Ihr Baby und das Mobile/eine dritte Person – geworden. Und wie immer erzählen Sie Ihrem Kind viel mehr, als es versteht, aber es hört Ihnen zu und begreift mehr und mehr. Auch Ihren Gesichtsausdruck, Ihr Mienenspiel kann es jetzt schon gut verstehen.

Schritt 4: vom Schauen zum gezielten Greifen

Mit einem halben Jahr gelingt es Ihrem Kind, nach Objekten, die sein visuelles Interesse erregt haben, mit beiden Händen zu greifen und sie zu untersuchen. Wenn Sie jetzt zum Mobile gehen, dann packt das kleine Mädchen oder der kleine Junge vielleicht nach dem roten Auto oder nach dem blauen Schmetterling. An der Gardine wird gezogen, und die Schwester muss aufpassen, dass der Kleine nicht plötzlich ihre blonden Locken im Griff hat.

Nach allen möglichen Dingen strecken Babys jetzt die Hände aus.

Die ganze Welt, die ganze Wohnung steht dem Kind offen, wenn es sich jetzt robbend, schlängelnd, krabbelnd oder mit Drehbewegungen fortbewegt. Das Gespräch von Angesicht zu Angesicht hat an Bedeutung verloren, aber es ist die Basis für seine weiteren Entwicklungsschritte.

Aus sanftem Lächeln wird herzliches Lachen

Was gibt es Schöneres, als sein Baby lächeln zu sehen! Am Anfang noch unbewusst, kann Ihr Kleines sein Lächeln bald steuern. Ebenso wie seine visuellen Fähigkeiten entwickelt sich auch die Form seines Lächelns mit jedem Lebensmonat weiter.

Engelslächeln: das endogene Lächeln

In den ersten vier, fünf Wochen lächelt das Baby mit geschlossenen Augen, lächelt, wenn es schläft, schläfrig oder müde ist. Manchmal zieht es auch nur einen Mundwinkel hoch. Das Lächeln überzieht das Gesicht oft nur kurz, ist flüchtig wie ein vorüberhuschender Schatten. Dieses Lächeln wird mit inneren Zuständen erklärt, Aktivitätswechseln im Gehirn. Daher wird es auch endogenes, innen erzeugtes Lächeln oder reflektorisches Lächeln genannt. Es hat keinen unmittelbaren Bezug zur Außenwelt. Aber Sie können es als Zeichen von Zufriedenheit betrachten, denn ein unzufriedenes, hungriges Baby zeigt sein Engelslächeln nicht.

Das erste »richtige« Lächeln: das exogene Lächeln

Wenn irgendwann im zweiten Monat Ihr Kind Sie anlächelt, dann reagiert es auf seine Umwelt. Man spricht vom exogenen Lächeln. Ein bekanntes Gesicht, aber auch ein Püppchen oder eine Gesichtsschablone, die Stimme und Kitzeln lösen das Lächeln aus. Es unterscheidet sich vom endogenen Lächeln dadurch, dass die Augen geöffnet sind, sie strahlen förmlich, die Wangen sind hochgezogen, und der Mund ist mehr oder weniger geöffnet.

Zum sozialen Lächeln gehört nicht nur, dass die Gesichtsmuskulatur korrekt bewegt wird, sondern das Kleine muss zuvor wahrnehmen und als erfreulich bewerten, worauf es mit einem Lächeln antwortet – wen oder was es mit seinem Lächeln belohnt. Bewegungskontrolle, Wahrnehmung und Bewusstsein entwickeln sich eben zusammen, sind voneinander abhängig.

Das ist ein Gipfelsturm der Gefühle, wenn das Baby Sie das erste Mal anlächelt, einfach so. Wie aus dem Nichts. Natürlich, dieses selige Lächeln, wenn das Baby im Schlaf träumt, das Engelslächeln, das kennen Sie schon.

Aber nun lächelt das Kleine Sie richtig an! Und mehr noch als beim ersten In-die-Augenschauen oder beim ersten wirklichen Blickkontakt werden Sie sich jetzt mit Ihrem Kind innig verbunden fühlen. Der Dialog ist nun nicht nur einfühlsam, er wird plötzlich anders klingen: »Hey, mein Kleiner, du lachst ja!!!«, oder »Hey, meine Süße, du lachst mich ja an!!!«.

Und Ihr Kind kann nun, gegen Ende des zweiten Monats, an Ihren Reaktionen längst erkennen, dass Sie begeistert sind. Das erst soziale Lächeln ist wirklich eine Freude. Es bringt den Dialog zwischen Ihnen und Ihrem Baby richtig in Fahrt. Zahlreiche Untersuchungen haben ergeben, dass nach einem Lächeln und durch das Lächeln Eltern selbst viel mehr lächeln, empathischer reden, lustige Grimassen schneiden oder sich irgendwelche Spielchen ausdenken, um ihr Kind zu entzücken. All das steigert beiderseits die freudige Erregung, die Chance auf noch mehr Babylächeln.

Übrigens: Manchmal bemerken Eltern bereits im ersten Lebensjahr ein verschämtes Lächeln bei ihrem Kind. Es erscheint, wenn dem Kleinen für seinen Geschmack zu viel Aufmerksamkeit gezollt wird, es im Mittelpunkt steht und lächelnd seinen Blick abwendet. Diese

Form der Selbstwahrnehmung und eine gewisse Einschätzung der Gesamtsituation entsteht also nicht erst im zweiten Lebensjahr, wie man früher dachte, sondern tritt schon im ersten Halbjahr auf.

Herzliches Lachen

Wenn Kinder vier, fünf Monate alt sind, dann kann sich eine freudige Erregung dermaßen steigern, dass die Kleinen richtig loslachen oder laut quietschen. Meistens geschieht das im sozialen Spiel, mit Mutter oder Vater. Der Auslöser kann aber auch schlicht und einfach ein sich bewegendes Mobile oder Püppchen sein (siehe Abschnitt rechts).

Später werden Sie irgendwann bemerken, dass Ihr 15-jähriger Sohn oder Ihre 20-jährige Tochter so lächeln (oder lachen), wie sie es immer schon, »schon als Baby«, getan haben. So ist es. Kramen Sie doch einmal alte Babyfotos von sich aus. An der Art des Lächelns verändert sich mit den Jahren nur wenig.

Super, ich kann die Welt bewegen!

Was machen große und kleine Menschen, wenn ein Baby sie anlächelt? Sie lächeln zurück, neigen den Kopf, sprechen zu dem Kind, bekommen selbst leuchtende Augen. Das ist für beide Seiten ein schöner Moment. Das Baby macht dabei zusätzlich ganz wichtige, weitreichende Erfahrungen: Es merkt, dass es seine Mitmenschen mit dem, was es tut, beeinflussen kann. Daran hat es Spaß und wird es immer wieder ausprobieren. Das nennt man auch »Effektivitätsmotivation«. Ein schreckliches Wort. Eine gute Sache! Das Baby erwirbt die Zuversicht, dass es mit seinen Handlungen Wirkungen erzielen kann.

Der Psychologe John Watson hat den Zusammenhang näher untersucht und fand heraus: Schon zwei Monate alte Babys können lernen, ihren Kopf zielgerichtet auf die Seite zu neigen und dadurch – übermittelt von einem Spezialkissen – ein Mobile anzustoßen. Das

Mir geht's einfach gut! (Engelslächeln, endogenes Lächeln)

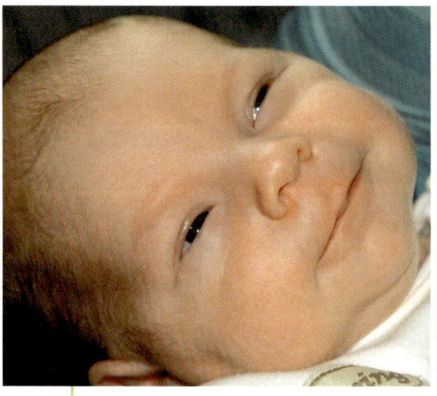

Wie schön, dass du mich anschaust! (Soziales, exogenes Lächeln)

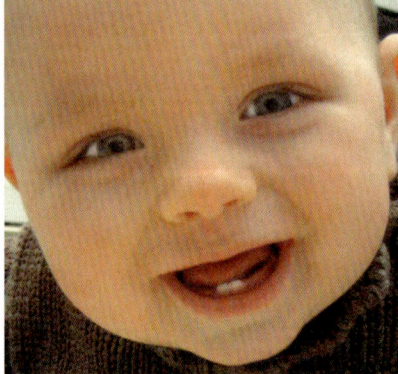

Haha, ich finde das lustig. Mehr davon! (Lautes Lachen)

Ergebnis versetzt sie in heftige Erregung, die sonst nur von lebendigen Kommunikationspartnern hervorgelockt wird. Die Kinder glucksen und lächeln, wenn sie das Mobile in Bewegung versetzen. Und sie tun das immer wieder.

Kinder erwarten Antworten

Sowohl an der Sprachentwicklung als auch am Lächeln und am Mienenspiel insgesamt lässt sich erkennen, wie wichtig es für Kinder ist, dass ihre Signale, die bereits das uns angeborene Verhaltensprogramm (Starterkit, siehe Seite 27 ff.) bereitstellt, beantwortet werden. Sie erkennen daran nicht nur ihre Wirkung auf die Welt, sondern sie verfeinern und entwickeln auch ihr Repertoire an Verständigungsmöglichkeiten – als Kommunikationsstrategien. Blinden Babys ist dieses visuelle Dazulernen nicht möglich, daher lächeln sie zwar in den ersten Lebensmonaten ähnlich den sehenden Kindern, aber ab dem vierten, fünften Monat gibt es Unterschiede. Ihr Lächeln wirkt deutlich gedämpfter – wie übrigens das gesamte Mienenspiel. Ihr Gesicht wirkt eher ausdruckslos. Wird ein Kind in einer Umwelt groß, die nicht reagiert oder nur unzuverlässig, weil etwa in einer Tagesstätte zu wenige Betreuer sind und diese auch noch öfter wechseln, kann das für seine soziale Entwicklung ungünstig sein. Kinder erwarten ja, dass ihre Signale beantwortet werden. Wie wichtig diese Wirkung auf andere Menschen und deren Rückmeldungen sind, weiß man schon lange – aus früheren Studien mit Heimkindern. Fehlen Personen, die auf den Ausdruck von Gefühlen reagieren und selbst Gefühle zeigen, können Kinder seelisch verarmen. Typische Folgen dieser »Deprivation« sind Gleichmut und Teilnahmslosigkeit – das Gegenteil einer Effektivitätsmotivation ist entstanden. Das ist einer der Gründe, weshalb heutzutage etwa Findelkinder so rasch wie möglich an Adoptiveltern vermittelt werden.

Unter einem Mangel an Zuwendung und der fehlenden Wirkung auf ihr Gegenüber (Effektivität) können auch Kinder von Müttern mit psychischen Problemen wie etwa einer anhaltenden Depression leiden: nämlich dann, wenn die Mütter nicht fähig sind, auf die Emotionen und das Mienenspiel ihrer Babys spontan und feinfühlig zu reagieren. Unterstützung ist dringend nötig (siehe auch Seite 136–139).

Wie angewiesen und erpicht Babys auf Reaktionen ihrer Bezugspersonen sind, zeigen Studien, in denen die Mutter nicht wie üblich reagieren durfte und sie die Erwartungen ihres Kindes also nicht erfüllte.

Dass es diese Erwartungen gibt, wurde in der sogenannten »Still-Face-Situation« deutlich, in denen Eltern – nach einer Phase der Kommunikation von Angesicht zu Angesicht – plötzlich für zwei bis drei Minuten regungslos verharren sollten und sogar auf die Signale ihres Babys nicht mehr antworten dürfen. Wie reagieren Säuglinge, die etwa ein Vierteljahr alt sind? Sie werden unruhig, zappelig. Manchmal »starren« sie ihre Bezugsperson an, lächeln kurz oder versuchen durch ein paar Laute Reaktionen auszulösen. Nichts! Dann wenden die Kinder den Blick ab, den Kopf weg.

Aber ihre Irritation ist unübersehbar. Übrigens, wenn Eltern sich dann wieder »normal« verhalten, ist die Welt nicht sofort wieder in Ordnung. Lächeln und schöne Laute von Seiten des Babys lassen zwar nicht lange auf sich warten, aber seine Freude ist zunächst verhalten.

Vielsagende Körpersprache

Ein vollständiges Lexikon der Signale, die Babys mit der Mimik, der Bewegung ihrer Arme und Beine, mit ihrer Kopfhaltung und ihren Lauten ausdrücken können – das wäre doch was. Das müsste es geben! Am besten auf geduldiges Papier gedruckt und zusätzlich im Internet. Missverständnisse zwischen Jung und Alt wären ausgeräumt.

Manchmal, da mögen Sie sich eine solche Aufstellung wünschen, doch ihre Nützlichkeit ist eine Illusion. Die Realität sieht anders aus: Der Psychologe Daniel N. Stern hat vom Sammeln einzelner Gesichtsausdrücke nie viel gehalten. Mimik ist nicht starr in dem Sinne, dass man mit einem Foto oder einer Strichzeichnung den Ausdruck festhalten und das zugrunde liegende Gefühl oder die Botschaft des Senders ablesen könnte. Mimik ist fortlaufende Bewegung, der Begriff »Mienenspiel« trifft das genau. Das Gleiche gilt für die Körpersprache insgesamt.

Es ist vor allem der Ablauf der Bewegungen, der etwas ausdrückt. Mit welcher Anspannung, wie ruckartig, wie schnell die Beine oder Arme bewegt werden. Das müssen wir wahrnehmen, darauf achten, wenn wir unser Kind verstehen wollen. Es ist das Gesamterscheinungsbild, das zu uns spricht. Immer geschieht vieles gleichzeitig. Ein einzelnes Merkmal – etwa die hochgezogenen Augenbrauen – ist meist nichtssagend.

Körpersprache: ganzer Einsatz!

Ist ein Baby unzufrieden, dann

- runzelt es die Stirn
- unterbricht es den Blickkontakt
- dreht es seinen Kopf zur Seite
- wird der Mund breit, öffnet sich
- beginnt es zu quengeln, zu schreien.

Und das ist nur das, was sich im Gesicht, in der Mimik, abspielt. Wenn Sie auf die Arme und Beine schauen, dann sehen Sie Anspannung, Strampeln, und der Rumpf wirkt starr.

Und wenn ein Baby lächelt, dann

- bewegt es den Kopf nach vorn
- hebt es das Gesicht
- hält es den Blickkontakt aufrecht, strahlt
- heben sich die Wangen
- wird der Mund breit gezogen.

Und die Körperspannung wächst, manchmal strampeln Arme und Beine freudig, und nach einem Vierteljahr werden schon die Arme dem Gegenüber entgegengestreckt, die Hände rhythmisch geöffnet und geschlossen.

Einzigartige Ausdrucksformen

Ein Bild kann all das nicht wiedergeben, eine Bilderserie vielleicht. Ein Film noch besser. Aber wozu einen Film anschauen, blicken Sie auf Ihr Kind, dann lernen Sie seine Art, sich auszudrücken. Denn jedes Baby hat eine ihm eigene Art, sich mitzuteilen. Babys lächeln, schreien, strampeln unterschiedlich. Manche sind richtige Strahlemänner oder Strahlefrauen, andere entwickeln sich zu Lautkünstlern oder sind von Anfang an besonders anschmiegsam oder aufmerksam, mit weitgeöffneten Augen.

Kleiner Kalender der Emotionen

Schon gleich nach der Geburt können Sie ein buntes Mienenspiel, eine Vielzahl von Ausdrucksmustern im Gesicht Ihres Babys erkennen. Meist dann, wenn es schläft – und träumt.
Diese Muster, in denen Sie Freude, Ärger, Überraschung und Traurigkeit bemerken können, huschen über das Gesicht hinweg. Empfindet das Kind, was es uns zeigt? Was empfindet es? Was interpretieren wir hinein? Diese Fragen sind schwer zu klären. Aber es ist sicher, dass sich erst mit dem Wachsen und Reifen der Gehirnrinde das angeborene Ausdrucksverhalten ausdifferenziert, sich einerseits mit bestimmten Anlässen und Motiven verbindet und andererseits als Aufforderung, als Appell an andere Personen gemeint wird und das alles sich zu einer »echten Emotion« verknüpft.

Übrigens: Dass sich Ärger, Trauer, Furcht und Angst bei Kindern mit acht, neun Monaten im Gesicht widerspiegeln, das ist kein Zufall (siehe Tabelle Seite 92–93). Es passt zum Bewegungsdrang des Kindes, das wegkrabbeln möchte und meist auch kann. Und es passt dazu, dass Kinder in dieser Zeit fremdeln (siehe Seite 126).
Eigentlich würden wir es gerne ganz genau wissen, was sich im Inneren des Babys abspielt, wenn es im Schlaf selig lächelt, uns mit großen Augen anschaut, die Zunge rausstreckt oder quengelt. Was fühlt es?
Das kann die Wissenschaft bisher nicht beantworten.
Sie geht zwar davon aus, dass Neugeborene und bereits das Ungeborene Gefühlsschwankungen haben, bisher hat sich die Forschung aber vor allem den Motiven und Emotionen gewidmet, die unser Handeln bestimmen, zielgerichtet machen, es begleiten.
Vor diesem Hintergrund sind etwa der Ausdruck von Überraschung (u. a. hochgezogene Augenbrauen), Traurigkeit (u. a. »Flunschmund«) und Ärger (u. a. Stirnrunzeln) zunächst »nur« angeborene Bewegungsmuster, denen eine Art Körperempfindung zugrunde liegt.
Aber eben dadurch, dass Eltern bemüht sind, den Anlass für eine gerunzelte Stirn, einen verzogenen Mund oder einen strahlenden Blick richtig zu interpretieren, entsteht aus dem frühen, spielerischen Dialog das, was Wissenschaftler interpersonale Regulation nennen: Das Baby spürt, dass es seine Interaktionspartner beeinflussen kann, und die wiederum bemerken, dass sie das Kleine beeinflussen können, und versuchen es immer wieder.

Das Mienenspiel – ein Ratespiel: Was dahinterstecken könnte

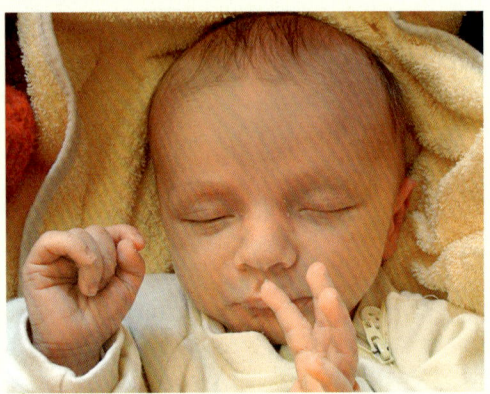

Eigentlich will ich noch gar nicht wach werden. Aber irgendwas zwickt im Bauch.

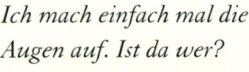

Ich mach einfach mal die Augen auf. Ist da wer?

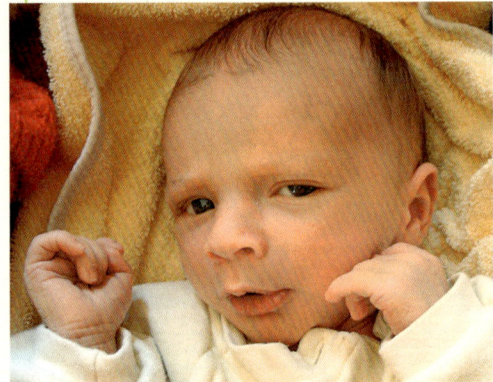

Gott sei Dank. Gut, dass du da bist.

Aber warum verschwindest du denn? Hunger! Hol mich hier raus!

Gesichtsausdrücke – Babys sind sooo unterhaltsam!

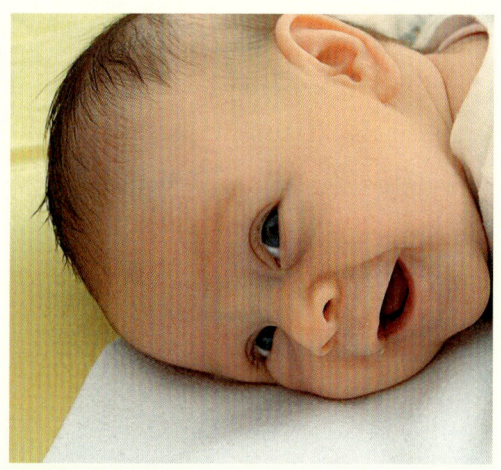

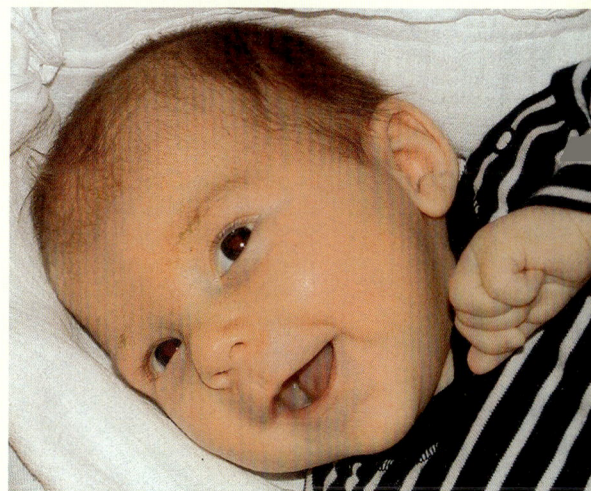

Emotionen entwickeln sich

Wann	EMOTION	Anlass/Motiv	Art des Appells, den Eltern wahrnehmen
0 Monate	EKEL	Schädliches wird abgewiesen.	Dies mag mein Kind nicht. Ich lass es weg.
1. Monat	INTERESSE, ERREGUNG	Neues, Nichterwartetes wird wahrgenommen.	Mein Kind ist aufnahmebereit für Informationen. Angebote machen!
2. Monat	FREUDE	Es besteht Vertrautheit, genussvolle Stimulation.	Mein Kind fühlt sich wohl, hat Spaß. Weitermachen!
7. Monat	ÄRGER	Ein Ziel wurde nicht erreicht. Frustration.	Da ist jemand ärgerlich. Aufgepasst. Den Frust abstellen!

Wann	EMOTION	Anlass/Motiv	Art des Appells, den Eltern wahrnehmen	
9. Monat	TRAUER, TRAURIGKEIT	Etwas ist verloren gegangen. Nicht da.	Schutz und Unterstützung ist, was mein Kind jetzt braucht.	
9. Monat	FURCHT, ANGST	Da ist etwas Bedrohliches.	Mein Kind braucht Hilfe. Oder es hilft sich selbst.	
Ende 1. Jahr	ÜBERRASCHUNG	Ich hatte etwas anderes erwartet. Na so was!	Mein Kind macht eine unerwartete Erfahrung, braucht erst mal etwas Zeit, dies zu verarbeiten.	

Info

Emotionen

- Anfangs: Ausdruck
  Das Baby ist hungrig und schreit.
- Dann: Ausdruck und Motiv
  Es schreit, weil es Hunger hat und
  weil es sich nicht gut fühlt.
- Schließlich: Ausdruck und
  Motiv und Appell
  Es schreit, weil es Hunger hat, sich nicht
  gut fühlt und weiß, dass dann jemand
  kommt und es gesättigt werden wird.

Der deutsche Emotionsforscher Manfred Holodynski spricht daher von »Vorläuferemotionen« (siehe Seite 29). Erst wenn der Anlass, das Motiv für einen bestimmten Gesichtsausdruck dem Kind selbst klar ist und wenn es ahnt, dass sein Ausdrucksverhalten eine Antwort hervorrufen wird, spricht Holodynski von Emotionen.

Babysprache zeigt Wirkung

Keine Frage, Babys haben ein unterhaltsames, spannendes Mienenspiel. Es hat sich allerdings gezeigt, dass Erwachsene den Ausdruck im Gesicht Neugeborener auf einzelnen Bildern nicht richtig interpretieren konnten. Und doch interpretieren wir die Kleinen von Anfang an. Aber eben unter Berücksichtigung der ganzen Körpersprache und der entsprechenden Situation: Richtig gedeutet wird die kindliche Mimik am besten, wenn man weiß, was gerade los ist und was zuvor passiert war (siehe Kasten Seite 95). Eltern fragen, was könnte das Motiv, der Grund für diesen oder jenen Ausdruck sein, was möchte mein Kind. Und sie

fühlen sich angesprochen, nehmen den Appell an, reagieren. Genau dieses Verhalten ist wichtig, sagen Emotionsforscher. Denn daraus lernt das Kind, dass es auf andere Personen wirkt, dass es deren Tun und Lassen regulieren kann.

Wieder einmal hat die Evolution ihre Hände im Spiel: Das Neugeborene kommt mit ausdrucksvollen Vorläuferemotionen auf die Welt, und Eltern sind bereit, sich auf diese einzulassen. Sie nehmen sie ernst, interpretieren den Ausdruck, reagieren prompt und zuverlässig. Auf dieser Basis, Holodynski spricht von einer interpersonalen Einheit, entwickelt sich zunehmend die Gefühlswelt des Kindes.

Im zweiten Monat ändert sich einiges in den frühkindlichen Wahrnehmungsmöglichkeiten und der Bewegungskontrolle. Auch die Emotionsentwicklung erhält so einen Schub: Das Baby kann anderen in die Augen blicken, sie anlächeln, zurücklächeln und hat eine Ahnung von dem, was seine Grenzen sind, was innen und außen ist. Es beginnt sozusagen seine Bedürfnisse, seine Motive zu erleben, und sie verbinden sich mit seinem Ausdruck. Es dauert noch einige Wochen, dann kann das Baby sein Ausdrucksverhalten gezielt, als Appell, einsetzen. Am besten zu erkennen ist das beim Schreien: Es schreit, damit doch bitte jemand kommt. Und es hört sofort auf, wenn sich die Tür öffnet.

Auch das Baby liest Körpersprache

Von Geburt an ist das Baby von Gesichtern fasziniert. Und wenn Ihr Kind etwa ein halbes Jahr alt ist, werden Sie immer öfter bemerken, dass es in allen möglichen Situationen wie gebannt oder immer wieder auf Ihr Gesicht schaut. Es orientiert sich an Ihrer Körpersprache, Ihrer Mimik und Stimmqualität. Allen entnimmt das Kind schon früh wichtige Botschaften.

0 – 6 Wochen

Die vertraute Stimme, zunehmend auch das vertraute Gesicht, werden erkannt, aber Gesichtsausdrücke werden noch nicht unterschieden.

6 Wochen bis 4 Monate

Die Gefühlsfarbe der Stimme des Gesprächspartners spielt eine Rolle, aber immer bedeutsamer für das Kind wird der Gesichtsausdruck. Tests ergaben: Besonders attraktiv ist das fröhliche Gesicht. Das schauen Kinder besonders lange an. Sie können nun bereits fröhliche, ärgerliche und neutrale Mimik unterscheiden.

4 bis 9 Monate

In Experimenten zeigte sich, dass Kinder wissen, welche Stimme zu welchem Gesichtsausdruck passt. Beim Betrachten kurzer Filme achten sie insbesondere auf das Gesicht, das wirklich zum Ausdruck der Stimme gehört. Und die Kleinen zeigen währenddessen sogar selbst die vorgeführten Emotionen.

Zirka 9 Monate

Nun verstehen die Kinder nicht nur die Mimik von vertrauten Gesprächspartnern, sie erkennen auch, ob der Ausdruck auf etwas – ein Objekt oder eine Person – hinweist, das bedrohlich oder ungefährlich ist. Dazu passt übrigens, dass Kinder sich in diesem Alter zunehmend selbst auf den Weg machen, um etwas zu erkunden. Mit einem Dreivierteljahr erkennen Kinder, ob und worauf vertraute Personen ängstlich, freudig oder ärgerlich reagieren. Und sie nutzen dieses Wissen, um sich in kritischen Situationen richtig zu verhalten. Wenn etwa eine unbekannte Person dem Kleinen einen Keks anbietet. Dann wird es zunächst zur Mutter oder zum Vater schauen. Es ist unsicher, und was es tut, hängt von dem Gesichtsausdruck seiner Vertrauensperson ab: Ein Lächeln »erlaubt« den Keks anzunehmen. Bilden sich aber steile Falten auf der Stirn, wird das Kind vor dem Fremden und seinem Keks wahrscheinlich zurückweichen.

Situation bedacht – Mimik verstanden!

Das Baby hat am Finger der Mutter geleckt, die eben noch eine Zitrone ausgepresst hat. Die Oberlippe zieht es hoch, die Unterlippe wird gesenkt und die Nase gerümpft, der Mund öffnet sich, und die Zunge schiebt sich vor: Ekel – eine der Vorläuferemotionen, die Verhaltenselemente des Würgereflexes enthält.

Und wie reagiert die Mutter: »Oh, was war das? Was machst du für ein Gesicht?« Wahrscheinlich leckt sie nun an ihrem Finger, bemerkt Reste von Zitronensaft. »Ach, das magst du nicht. Nein, so was Saures magst du nicht. Da hätte ich mir lieber die Finger waschen sollen, bevor ich dich auf den Arm nehme.«

Immer dialogbereit?

Die Signale Ihres Babys kennen Sie und wissen, dass Feinfühligkeit das beste Rezept ist, um sie richtig zu deuten. Doch auch der Zustand, in dem sich das Kind gerade befindet, muss einbezogen werden. Und trotzdem: Nicht immer funktioniert der Dialog. Manchmal sind Sie mit Ihrem Wissen am Ende, oft dann, wenn Ihr Baby schreit. Erfahren Sie mehr über Ursachen – und wie Sie darauf reagieren können.

Eine Frage des Zustands

Von Geburt an können Babys viel mehr als schlafen, trinken, die Windeln füllen und schreien. Wenn Sie dem Baby zuschauen, zuhören und sich Zeit nehmen, werden Sie ziemlich schnell nicht nur bemerken, was es alles kann. Sie werden rasch darauf kommen, dass es Phasen gibt, in denen der neue Erdenbürger besser ansprechbar ist – oder schlechter. Sie werden die Phasen immer besser erfühlen, in denen das Baby Beruhigung nötig hat, und Phasen, in denen es munter ist und mit Ihnen »tanzen« möchte. Sie erinnern sich? Gleich nach der Geburt ist Ihr Baby wahrscheinlich hellwach und aufnahmebereit für Düfte und Geschmack, für bekannte Stimmen, für das, was es sieht. Viele Neugeborenen sind dann in einem Zustand, für den der Begriff ruhiges aufmerksames Wachsein gewählt wurde. Solche Phasen, in den ersten Tagen oft nur wenige Minuten kurz, werden mit der Zeit länger. Was für eine Bedeutung haben sie? Eine wichtige. Denn gerade in diesem Zustand kann sich das Baby auf die Ansprache anderer Menschen, ein Lächeln oder eine Melodie gut einlassen, es ist offen für Ihre Signale. Und Sie können dadurch sehr früh die Erfahrung machen, wie es ist mit Ihrem Kind in einen Dialog zu treten. Diesen Zustand des ruhigen aufmerksamen Wachseins schätzen übrigens auch alle Säuglingsforscher und erwarten ihn geduldig, wenn sie beispielsweise in einem Experiment herausfinden wollen, welche Gestalten, Muster oder Sprachlaute Babys in den ersten Lebenswochen schon unterscheiden können. Neben diesem Zustand des ruhigen aufmerksamen Wachseins werden Sie noch andere Zustände Ihres Babys feststellen, etwa das aktive aufmerksame Wachsein, Zustände des Quengelns oder gar Schreiens; Ihr Kind kann sich im Tiefschlaf befinden, im aktiven Schlaf oder in einem Zustand der Dösigkeit (drowsiness). Über die Zahl der Befindlichkeitszustände von Babys gibt es unterschiedliche Meinungen. Der eine Wissenschaftler differenziert mehr, der andere weniger. Bei manchen Kindern sind zudem die Wechsel klarer und die Zustände abgegrenzter, andere Kinder schwanken, fluktuieren stärker. Im Alltag werden Sie bemerken, dass die Übergänge fließend sind. Das macht es anfangs manchmal schwierig, herauszufinden, was das Baby gerade braucht. Mehr zu den »kippeligen« Situationen können Sie im Kapitel »Wenn die Stimmung kippt« (siehe Seite 101 ff.) lesen. Eine Übersicht über die wichtigsten Zustände finden Sie auf Seite 100.

Zwiegespräche –
Tag und Nacht

Den jeweiligen Zustand eines Babys zu erkennen ist wichtig für den Dialog, denn ein Zwiegespräch gelingt nur, wenn beide Partner dazu bereit sind. Als Mutter können Sie in den ersten Tagen und Wochen nach der Geburt am besten die Bereitschaft Ihres Kindes erkennen: Sie sehen es seinem Blick an oder der Kopfhaltung, Sie fühlen es an der Körperspannung, Sie wissen es, weil der letzte Schlaf schon sehr lange her oder der Hunger sicherlich groß ist.

Eine Frage des Zustands

*Tiefschlaf: Ich bin total entspannt.
Mich kann fast nichts wach rütteln.*

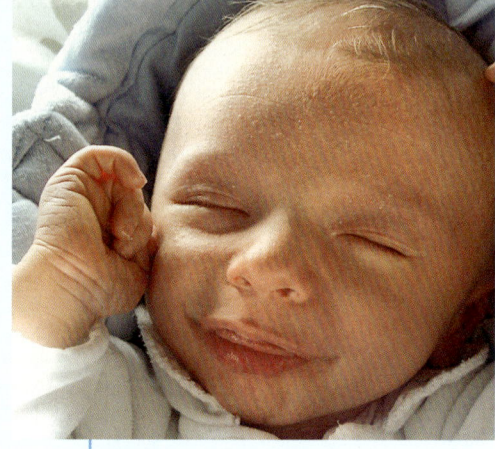

*Dösigkeit/Müdigkeit: Ich habe schon abgeschal-
tet. Bin dermaßen müde, dass ich gähnen muss.*

*Aktiver Schlaf: Ach, wenn die Träume
doch nicht immer so anstrengend wären.
Gleich werd ich wach.*

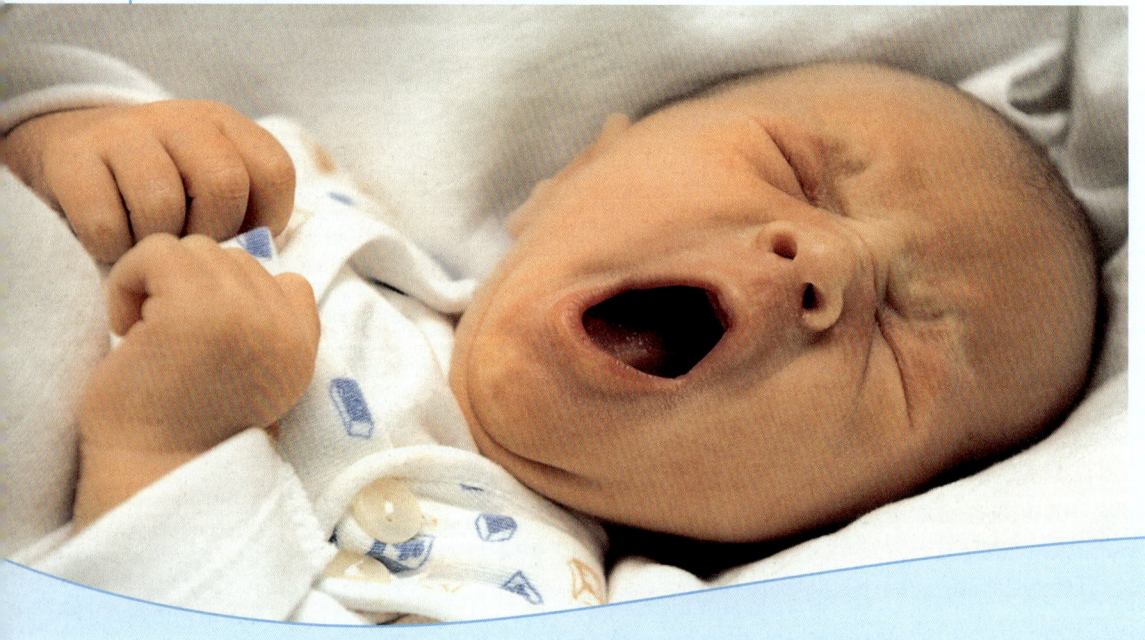

Ruhiges aufmerksames Wachsein:
Erzähl mir was! Ich bin bereit
zum »Tanzen«.

Aktives aufmerksames Wachsein: Das ist ja
spannend, was du erzählst. Aber lass mich
auch was sagen.

Quengeln: Irgendwie ist alles blöd.
Nimm mich auf den Arm und lass
mich in Ruhe.

Schreien: Kann mir mal irgend-
jemand helfen? Das gefällt mir
grad gar nicht.

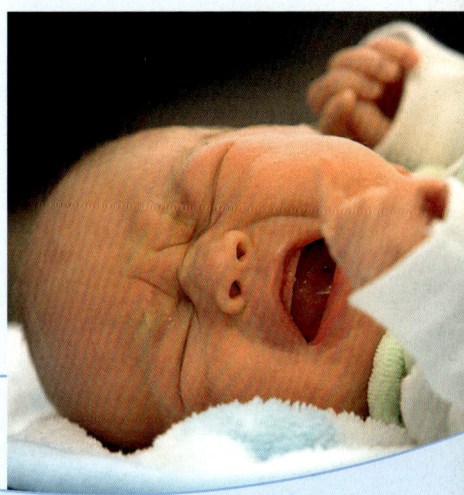

Zustand – Befinden – Verhalten

Den **Tiefschlaf** erkennen Sie an der ruhigen Atmung. Die Augen sind geschlossen, und das Gesichtchen ist entspannt. Ihr Baby bewegt sich kaum. Sie sehen höchstens mal, dass es kurz zusammenzuckt. Gegen äußere Reize ist es in dieser Phase zuverlässig abgeschirmt, reagiert nicht auf Ansprache und nicht einmal, wenn es zum Trinken an die Brust gelegt wird.

Im **aktiven Schlaf** bewegen sich unter den Lidern die Augen. Die Atmung ist unregelmäßig, Mienenspiel und Saugbewegungen können Sie oft beobachten. Manchmal streckt Ihr Baby seine Glieder, wendet den Kopf, ältere Babys drehen sich im Schlaf. (Dieser Zustand entspricht dem sogenannten REM-Schlaf, in dem wir träumen und der offenbar sowohl für die Gehirnentwicklung als auch für die Gedächtnisbildung besonders wichtig ist.) Laute Geräusche oder eine Erschütterung machen das Baby leicht wach, dann wird es entweder immer quengeliger oder schläft wieder ein.

Dösigkeit oder **Schläfrigkeit** kommen unmittelbar vor oder nach dem Schlafen vor. Das Baby gähnt. Sie beobachten diese Phase auch, wenn Ihr Baby getrunken hat und von der Anstrengung müde ist. Der Blick ist wie abwesend, die Augen sind manchmal halb geschlossen. Die Atmung ist flach, aber regelmäßig. Von hieraus sackt Ihr Baby entweder in den Schlaf, oder es erholt sich rasch – vor allem, wenn Sie es nun wickeln – und ist dann wach und aufmerksam.

Im Zustand des **ruhigen aufmerksamen Wachseins** ist Ihr Baby sehr aufnahmebereit, und es bewegt sich kaum. Die Augen sind offen und klar. In dieser Phase gelingt die Ansprache besonders gut, und Ihr Kind reagiert auf vielerlei Reize. Daraus entstehen früh kleine Zwiegespräche. Sie werden in den ersten Wochen immer lebendiger.

Das Baby befindet sich mit der Zeit immer länger im Zustand des **aktiven aufmerksamen Wachseins**, währenddessen es Mund, Kopf, Arme oder Beine bewegt und uns verlockt, noch mehr zu sprechen, zu lächeln, zu schäkern … Dann passiert manchmal etwas Überraschendes: Das Baby wendet sich ab, dreht den Kopf weg, es will nicht mehr. Wenn Sie das nicht respektieren, kann es richtig quengelig werden.

Quengeln ist verbunden mit unregelmäßiger Atmung und körperlicher Unruhe. Das Baby schaut hierhin und dorthin, es windet sich und zappelt. Dies ist ein Zustand, der schwierig zu managen ist, denn durch attraktive Reize lässt sich Ihr Baby zwar noch »bei der Stange halten«, so dass es nicht schreit. Aber es ist anspruchsvoll, will immer etwas anderes, alles ist nur kurzfristig interessant. Dadurch wird es leicht überstimuliert, kommt nicht mehr zur Ruhe, obwohl es »geschafft« ist. Das Ende vom Lied: Es beginnt zu schreien.

Ob **Schreien** ein Zustand ist, kann man bestreiten. Denn es gibt ja Gesellschaften, in denen Babys nie allein sind und nur wenig und nur kurz schreien. Schreien ist unter diesen Umständen ausschließlich ein kommunikatives Signal – kein Zustand. Schreien erkennen Sie sofort: Das Gesichtchen ist zusammengekniffen, manchmal sind die Augen ganz geschlossen, die Haut ist gerötet, Arme und Beine strampeln angespannt. Wenn es ganz schlimm kommt, haben Sie den Eindruck, Ihr Baby bekomme kaum noch Luft. Daher: Beruhigen Sie es möglichst früh.

In den ersten Tagen nach der Geburt schläft ein Baby wirklich viel. Umso bedeutsamer ist es, den richtigen Moment zu erwischen, um die volle Aufmerksamkeit des Kleinen zu erhalten – und zu staunen. Das bedeutet aber nicht, es komme darauf an, in diesen Minuten dem Baby allerlei Gesichtsausdrücke und eine ganze Palette neckischer Laute anzudienen und womöglich vor seinen Augen noch grellbunte Gestalten tanzen zu lassen. Das möchte Ihr Baby sicher nicht. Es wird ihm nämlich leicht zu viel. Aber wenn Sie – so wie Ihr Baby – in solchen Momenten aufmerksam sind, ihm in die Augen schauen, auf sein Gähnen mit einem Lächeln antworten oder es ansprechen, wenn sein Blick zur Seite gleitet, werden Sie erkennen, dass es Ihnen antwortet. Was es macht, ist dabei nicht festgelegt. Vielleicht runzelt es die Stirn, spitzt die Zunge, rümpft die Nase ein wenig. Und was machen Sie in solchen Momenten? Sie tun Dinge, die Sie von Ihrem Kind übernehmen, abgeguckt haben. Indem Sie die Nase rümpfen oder die Zunge herausstrecken, passen Sie sich intuitiv Ihrem Kind an, und es entstehen erste Dialoge: gelungene, getanzte Zwiegespräche, wie Daniel N. Stern sie beschrieben hat.

Allerdings sind solche Dialoge von Angesicht zu Angesicht nicht alles: Kommunikation ereignet sich auch außerhalb dieser speziellen Momente. Indem Sie das schläfrige Baby sanft streicheln oder das zappelnde summend durch die Wohnung tragen, teilen Sie sich ihm mit. Übrigens auch dem schreienden, bei dem Sie mit Ihrem Latein am Ende sind. Ein Zwiegespräch findet praktisch Tag und Nacht statt.

Wenn die Stimmung »kippt«

Sie kennen das wahrscheinlich so oder so ähnlich: Nach einem langen Arbeitstag im Büro, vielen Stunden an der Registrierkasse oder als Unterrichtende wollen Sie erst mal eins: Ihre Ruhe haben. Wenn Sie hingegen gut ausgeschlafen sind, sind Sie vielfältig interessiert, neugierig und aufnahmebereit. Am einfachsten ist es, wenn man seinen jeweiligen Bedürfnissen nachgeben kann. Ist das nicht möglich, dann kostet es uns eine Menge Anstrengung, die aktuellen Bedürfnisse hintanzustellen. Als Erwachsene können wir mit solchen Anforderungen klarkommen, können die Situation irgendwie managen. Babys können das jedoch ganz schlecht, anfangs gar nicht. Mit anderen Worten: Es gelingt ihnen noch nicht, innere Zustände und damit verbundene Bedürfnisse selbst – oder mit Hilfe seiner Eltern – zu regulieren.

Dieses Unvermögen kann Ihr Baby extrem unzufrieden machen, so dass es quengelt oder schreit, obwohl Sie ihm gerade etwas anbieten, was doch eigentlich Spaß macht. Ein Beispiel: Wenn das giftgrüne Krokodil mit seinen schwarzen Kulleraugen über die Bettkante guckt, ist Ihr Baby normalerweise aufmerksam, schaut mit glänzenden Augen, lächelt oder juchzt bereits. Aber es kann auch passieren, dass Ihr Baby sich nur ganz kurz für sein Schmusetier interessiert und dann unruhig wird – oder noch unruhiger strampelt als zuvor – und plötzlich kräftig schreit.

Warum? Wahrscheinlich war Ihr Kind bereits länger wach und hat Hunger, oder es hatte nur ganz kurz geschlafen und ist müde, oder es kann nicht einschlafen. Sie können es eventuell durch das eine oder andere Lieblingsspielzeug, mit Schäkern oder ein paar Worten beschäftigen und ablenken, aber das war es dann auch. Ganz rasch wird Ihr Baby wieder unruhig werden, zappelig und schreien.

Keine Maschine!

Sie sehen daran: Was dem kleinen Erdenbürger normalerweise Spaß macht, wirkt manchmal nicht. Es ist also nicht immer einfach für Eltern, die Situation richtig einzuschätzen. Schließlich sind Babys keine »Reiz-Reaktions-Maschinen«, bei denen auf einen bestimmten Reiz wie durch Knopfdruck eine bestimmte Reaktion erfolgt. Sie haben Stimmungen, Gefühle und mit jedem Tag mehr Erwartungen an ihre Umgebung. Anfangs sind sie sehr darauf angewiesen, dass wir ihre Wünsche erfühlen – sonst gibt's Geschrei –, später können sie sich immer

differenzierter mitteilen: durch ihr Mienenspiel, durch Gesten, Sprache. So wird die gegenseitige Verständigung immer besser funktionieren. Auf der anderen Seite wird Ihr gemeinsamer Alltag Missverständnisse, Fehlinterpretationen und Überraschungen mit sich bringen. Nehmen Sie sie mit Humor.

Zur Ruhe kommen

Aber was machen wir mit dem quengeligen Kind, das von dem grünen Krokodil nichts wissen will und zu schreien beginnt? Es braucht keine reizvollen Angebote. Es braucht Ruhe bzw. die Möglichkeit, zur Ruhe zu kommen. Vielen Kindern gelingt das beim Saugen an der Brust, der Flasche, am Daumen oder Schnuller, andere legen Wert auf ein Kuscheltuch, brauchen ihr Bett, ihre Wiege. Was Ihr Kind mag, hängt von seinen angeborenen Vorlieben ab, aber auch von dem, was Sie ihm anbieten

Zustandsprüfung empfohlen

Damit schon früh diese wunderbaren Dialoge mit dem Baby möglich sind, müssen – und in diesem Fall geht es wirklich nicht anders – Sie berücksichtigen, ob Ihr Kind aufnahmebereit ist und Lust hat, unterhalten zu werden bzw. sich mit Ihnen zu unterhalten. Achten Sie daher auf seinen Zustand.

Sie können mit der Zeit zunehmend besser Ihrem Kind auch dabei helfen, seine Befindenszustände derart zu regulieren, dass es noch ein bisschen aufmerksam und freundlich bleibt, wenn es schon todmüde ist, bzw. dass es sich entspannen kann und ohne viel Gequengel »abschlafft«, obwohl es total aufgedreht war.

Was Sie wissen müssen: Ihr kleines Baby trickst Sie weder aus, noch ärgert es Sie oder bestraft Sie gar, wenn es quengelt, schreit, auf ein Lächeln nicht reagiert oder immer wieder auf den Arm möchte. Es kann Sie noch gar nicht ausnutzen. Es ist weitgehend seinen Befindenszuständen ausgeliefert, wenig flexibel, und es ist sozusagen Ihr Job, dies zu berücksichtigen. Auch wenn das manchmal nicht so einfach ist.

und woran es sich bereits gewöhnt hat. Die meisten Babys beruhigen sich, wenn sie getragen oder durch andere rhythmische Bewegungen stimuliert werden. Das hat mit unserem biologischen Erbe zu tun (siehe auch Seite 70 »Tragling«). Was Sie eben über das »Zur-Ruhe-Bringen« gelesen haben, bezieht sich auf den Übergang vom Quengeln zum Schreien, wenn Sie Ihr Kind durch beruhigende Zuwendung zum Schlafen bringen können. Wenn Ihr Kind gerade aufgewacht ist und quengelt, empfiehlt sich natürlich etwas anderes. Dann hilft Ihrem Baby vielleicht angesprochen oder herumgetragen zu werden. Und womöglich hat es einfach Hunger.

Sie verstehen nun vielleicht, dass es nicht allein darauf ankommt, dem Kleinen optimale Gesprächsangebote zu machen. Nein, ganz wesentlich ist, dass Sie erkennen, ob Ihr Kind überhaupt in der richtigen Verfassung, dem richtigen Zustand ist, um mit Ihnen zu tanzen. Ein Nasenstüber kann das schläfrige Baby erschrecken, beim aktiven aufmerksamen Kind freudige Reaktionen auslösen und ein quengelndes Kind förmlich aus der Fassung bringen. Es schreit.

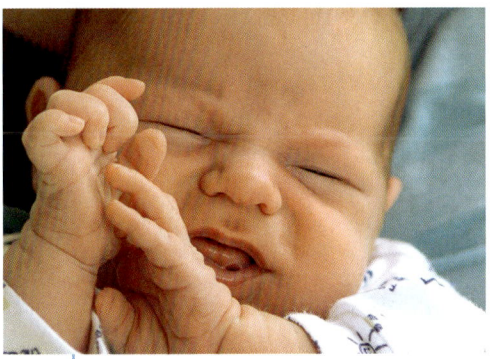

Ein klägliches Bild – und ein unzufriedenes Meckern.

Die Notrufnummer Ihres Babys: Schreien

Mütter und Väter wissen das: Anfangs schreien Babys nicht sehr laut. Aber wenn sie schreien, dann sehen sie kläglich aus. Die Augen sind zusammengekniffen, der Mund oft weit geöffnet, Ärmchen und Beinchen sind angespannt, werden ruckartig bewegt. Doch von Tag zu Tag werden die Kleinen lauter, ihr Schreien dringlicher, durchdringender. Was ist Schreien? Wann und warum schreien Babys?

Babygeschrei: ein optimales Alarmsignal!

Dass Babygeschrei für unsere Ohren ziemlich quälend ist, das wissen Sie, auch ohne ein Spezialist für Bioakustik zu sein. Diese Fachleute untersuchen z. B. die Lautstärke, Tonhöhe oder Dauer von Babyschreien. Ihre Messungen bestätigen, warum Begriffe wie kleiner »Schreihals« oder »Quälgeist« entstanden sind: Nur wenige Wochen alt, und schon schreien die Kleinen ziemlich laut, viel lauter als erwachsene Menschen miteinander sprechen. Babys können sich in das Schreien enorm hineinsteigern, es wird dann noch lauter, dringt sogar durch Türen und Wände. Ein einziger Schrei ist länger als ein Wort, und meistens folgt auf einen Schrei gleich der nächste. Ein erregtes Kind entfacht eine ganze Serie. Die Pausen zwischen einzelnen Schreien sind so kurz, dass dem Baby kaum Zeit zum Luftholen bleibt. (Darum wird sein Kopf oft rot.) Und uns bleibt dann keine echte Chance, dem Kleinen etwas Beruhigendes zu sagen.

Alarm ohne Gewöhnungseffekt

Verhaltensbiologen haben versucht herauszufinden, wie Babyschreien als Alarmsignal funktioniert, und stießen auf interessante Zusammenhänge: Sogar bei Studenten, die keine eigenen Kinder hatten und nicht wussten, aus welchem Grund das Baby – dessen Schreien sie einige Minuten anhörten – schrie, ließ die Alarmiertheit nicht allmählich nach. Die Studenten hatten die Aufgabe, immer dann einen Knopf zu drücken, wenn sie am liebsten zu dem Kind hinlaufen würden, um zu schauen, was los ist. Übrigens gab es Phasen, in denen sich kein Student vom Schreien alarmiert fühlte, und dann wieder Phasen, wo zwei von drei Studenten sofort aufspringen wollten.

Was sagt uns das: Es ist sozusagen der Schrei selbst, der Höreindruck, der uns alarmiert. Und sein Klang ist manchmal mehr und manchmal weniger erträglich. Außerdem klingt Schreien – obwohl Mütter ihr eigenes Kind mit der Zeit gut daran erkennen können – immer anders. Das ist ein entscheidendes Charakteristikum von Alarmsignalen. Sind solche Signale nämlich nicht variabel, sondern monoton, dann gewöhnen sich die Hörer an sie und fühlen sich irgendwann nicht mehr angesprochen. Eine gute Idee der Natur also, den Monotonie-Effekt auszuschalten – schließlich machen Babys mit ihren Schreien nicht nur auf sich aufmerksam, sondern sind auf die Reaktion ihrer Gegenüber angewiesen.

Weil längeres Schreien anstrengend ist, gibt es meist auch kurze Erholungsphasen, in denen das Baby vorübergehend leiser wird, nur quengelt und schluchzt. Vielleicht können wir es dann beruhigen. Manche Schreie sind spitz, hoch. Oft künden sie von Schmerzen. Und dies ist sicher kein Zufall: Sie sind besonders unangenehm für unser Gehör. Zurück zu den Bioakustikern, die sich mit den Lautäußerungen von Menschen und Tieren beschäftigen. Für sie ist Geschrei ein typisches Distanzsignal, das eine größere Distanz überbrücken kann und soll, sonst wäre es z. B. nicht so laut. Und es ist ein ernst zu nehmendes Alarmsignal, sonst würde das Kind nicht so viel Kraft einsetzen, so viel Energie verausgaben, dermaßen an seine Grenzen gehen. Als einen Gesprächsbeitrag kann man Babygeschrei wirklich nicht bezeichnen. Seine Funktion besteht darin, andere auf einen Notstand aufmerksam zu machen.

Schreien besser verstehen

Anders als bei den wohlklingenden Lauten, die Kinder in den ersten Lebenswochen immer häufiger über die Lippen bringen, zwingt uns ein schreiendes Baby zu handeln. Manchmal gelingt es auch, mit Worten oder singend das Kind zu beruhigen. Aber vor allem kommt es darauf an, das eigentliche Ungemach zu entdecken und es – so gut es geht – zu beseitigen. Wenn das nicht klappt, geht es schlicht darum, das aufgebrachte Kleine zu beruhigen.

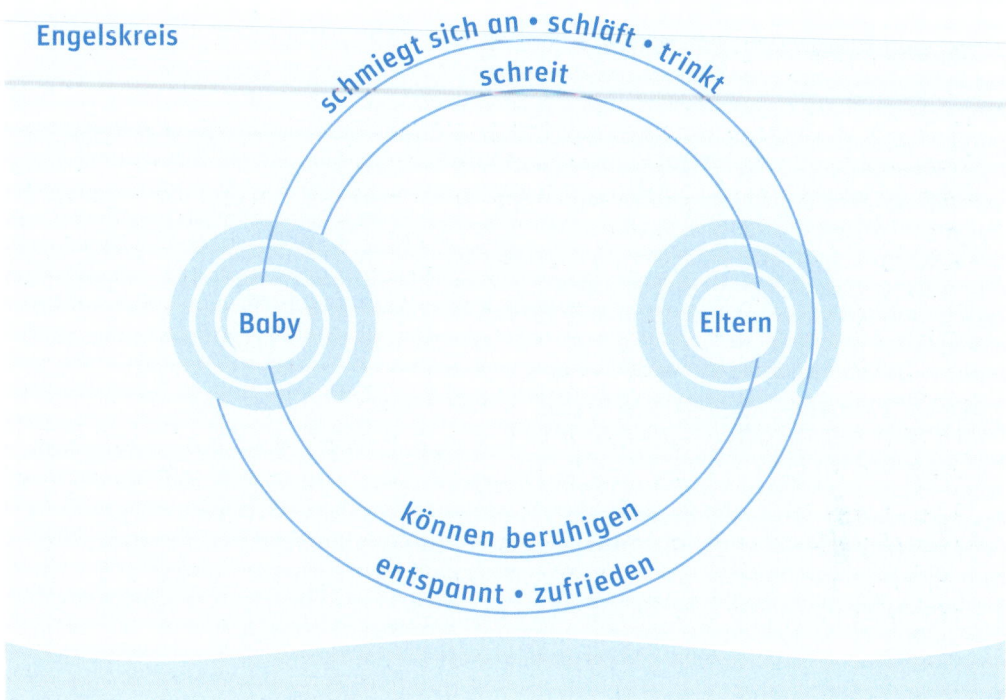

Engelskreis

schmiegt sich an • schläft • trinkt

schreit

Baby

Eltern

können beruhigen

entspannt • zufrieden

Gelingt dies, ist das nicht nur zum Wohl des Babys. Gerade am Anfang machen solch kleine Erfolge Eltern glücklich, zufrieden. Sie stärken das Gefühl, die neue Aufgabe kompetent zu erfüllen, also eine gute Mutter oder ein guter Vater zu sein. Und das macht es ihnen leichter, entspannt, locker, verspielt mit dem Kind umzugehen. »Engelskreise«, wie es die Säuglingsforscherin Papoušek genannt hat, stellen sich ein.
Gelingt die Aufgabe des Tröstens und Beruhigens bzw. die Ursache des Schreiens zu finden, nicht, wird es schwierig: Das Baby schreit wahrscheinlich mehr, und sein Geschrei wird extrem belastend. Das macht Eltern nervös und angespannt, was sich wiederum auf das Kind überträgt. Die Folge sind »Teufelskreise« (siehe Seite 133).

In der Tat ist das Schreien ihres neugeborenen Babys für Eltern manchmal ein Buch mit sieben Siegeln. Denn die Kleinen schreien auch, wenn sie eigentlich satt und zufrieden sein sollten. Und leider klingen Neugeborene zwar unterschiedlich, individuell, aber dass man jetzt schon heraushören kann, was dem kleinen Schreihals fehlt, das ist nicht belegt. Wie also erkennen, was das Baby »sagen« will?

Beziehen Sie die aktuelle Situation ein

In vielen Fällen liefert das Drumherum, also der Kontext, die entscheidenden Hinweise. Das heißt, bei genauerem Hinsehen und Nachdenken wird Ihnen die Situation helfen, Ihr Baby zu verstehen – oder seine Eigenart, seine Vorlieben zu

Engelskreise: good vibrations von Mutter zu Kind und wieder zurück

Die Münchener Psychologin Mechthild Papoušek spricht in Anlehnung an den Begriff »Teufelskreis«, bei dem sich eine verfahrene Situation immer weiter aufschaukelt, von einem Engelskreis, wenn die Interaktion von Eltern und Baby für beide Seiten beglückend ist – weil das (zunächst) intuitive Verhalten der Eltern zu den Bedürfnissen ihres Kindes passt. Wenn z. B. das Kleine schreit und es sich auf dem Arm beruhigt, mit einem zarten Anschmiegen antwortet, dann entspannt das nicht nur die Situation, es stärkt zugleich das Selbstvertrauen der Eltern und gibt ihnen Sicherheit. Dies wiederum macht es ihnen leichter, beim nächsten Mal »richtig« zu reagieren und z. B. ihr Baby nicht mit zu vielen unterschiedlichen Beruhigungsangeboten zu verwirren. Solche Verwirrungen entstehen, wenn es Eltern nicht gelingt, das schreiende Baby zu beruhigen. Ihre Anspannung steigt, wenn verschiedene Beruhigungsversuche fehlschlagen, sie überträgt sich auf das Kind und die Situation kann sich so hochschaukeln, dass das Kleine exzessiv schreit. Die Folge sind Versagensgefühle seitens der Eltern, die sich nicht nur beim nächsten Schreien, sondern auf ihre Beziehung zum Baby insgesamt ungünstig auswirkt. Ein Teufelskreis (siehe Seite 133).

berücksichtigen. Versuchen Sie sich die Gesamtsituation vor Augen zu führen:

- Wie viel Uhr ist es? Viele Babys sind gegen Abend einfach aufgedreht.
- Hat sich in den letzten Minuten irgendetwas Besonderes ereignet, was das Baby überhaupt nicht mag? Vielleicht scheint gerade jetzt die Sonne in seine Augen.
- Kann mein Baby noch Hunger haben, obwohl ich es vor einer halben Stunde gestillt habe? Hunger hat es dann eher nicht, aber vielleicht will es nuckeln.
- Ist es vielleicht müde, überreizt, nach den vielen Besuchern, die es bewundern wollten? Das kann passieren.
- Ist ihm kalt, weil die Windel nass ist? Das kommt vor, wenn das Baby nicht rundherum warm eingepackt ist.
- Stört das grelle Licht im Restaurant? Auch das ist möglich.

- Ist der Geräuschpegel in der fremden Wohnung zu hoch? Das ist selten der Grund, kann aber durchaus der Fall sein.
- Ganz wichtig ist die Frage: Wie geht es Ihnen selbst? Sind Sie vielleicht besonders angespannt, müde, besorgt, überdreht, ängstlich – sei es wegen des Babys oder aus einem ganz anderen Grund? Denn: Wenn Sie Ihr Baby auf dem Arm halten oder stillen, reagiert es auf Ihre Stimmung wie ein Seismograph (siehe Seite 106 und 133).

Weitere »Indizien« entnehmen Sie der Körpersprache des Babys, denn jedes Schreien wird von Gestik, Mimik und bestimmten Körperhaltungen begleitet. Aber einen Gedanken sollten Sie gleich verbannen: dass nämlich Ihr kleines Baby zielgerichtet schreit, um bestimmte Gefühle – etwa Ärger – zum Ausdruck zu bringen oder um Sie unter Druck zu setzen (siehe Kap. Körpersprache ab Seite 88).

Versteh mich

Was das Baby sagt, z. B.	Was das Baby nicht meint, z. B.
Ich habe Hunger.	Ich bin traurig. (Traurigkeit empfindet es noch nicht.)
Ich bin müde.	Ich bin wütend auf dich. (Wut kennt es nicht.)
Ich bin überreizt.	Ich möchte es dir heimzahlen. (Rachegefühle hat ein Baby
Ich fühle mich nicht wohl.	sowieso nicht.)
Ich fühl mich hier nicht wohl.	Ich hätte lieber andere Eltern. (An diese Alternative hat Ihr
Ich habe Bauchschmerzen.	Baby sicher nie gedacht.)
	Ich habe vor der Dunkelheit Angst. (Nein, im Bauch war es
	auch finster.)
	Ich möchte eine trockene Windel. (Nass stört nicht, nur kalt.)

Das Schreien eines neugeborenen Babys zu verstehen setzt also Intuition, Verstand, aufmerksames Beobachten und einige Übung voraus. Es gibt nicht die eine Methode, ein aufgebrachtes Baby zu beruhigen.

Aber keine Sorge: Mütter und Väter, die vielleicht am Anfang manchmal verzweifeln, weil sie trotz aller Versuche und Anstrengungen den Notruf einfach nicht verstehen und sich die Situation aufschaukelt, lernen mit der Zeit, was ihr Kind wann möchte. Und je älter ein Baby ist, desto eher gibt es auch akustische Hinweise: Bei Hunger schwillt das Schreien meist langsam an und ist rhythmisch. Bei Schmerzen ist es spitz, schrill, hoch in der Tonlage und unregelmäßig. Und wenn ein Kind sich wehgetan hat, holt es meist erst einmal tief Luft, bevor es loslegt.

Was tun gegen Schreien?

Wenn sich ein Kind nicht wohl fühlt, dann quengelt oder »meckert« es meist

zunächst. Meckern bedeutet keineswegs, dass sich Ihr Baby über Sie beschwert, höchstens: bei Ihnen. (Aber auch das geschieht anfangs nicht gezielt.) Wie bei einer meckernden Ziege zittert dabei die Stimme, sie ist längst nicht so kräftig wie beim Schreien.

Ein hungriges Baby bereits in dieser Phase an die Brust zu legen ist ratsam. Denn es ist viel schwieriger, ein schreiendes Baby zu stillen als ein quengelndes. Außerdem ist die Gefahr geringer, dass das Baby zu gierig trinkt, dadurch der Magen überfüllt ist und es viel Luft geschluckt wird. Das führt zu Blähungen und in der Folge wieder zu Schreien.

Und noch etwas: Wenn Ihr Baby nur quengelt oder gerade erst anfängt zu schreien, dann können Sie noch gut mit ihm reden. Ihre Stimme und Ihr Mitgefühl können das Kind beruhigen, wobei es lernt abzuwarten, bis die Milchflasche erwärmt ist oder Sie im Park eine ruhige Bank zum Stillen gefunden haben.

Schreit das Baby heftig, dann sind Sie oft chancenlos und werden gar nicht mehr von ihm wahrgenommen. Allerdings lohnt es sich auch dann noch, beruhigend mit dem Baby zu sprechen. Vor allem wenn es eine Pause macht und Luft holt, kann es sein, dass es auf Ablenkungen anspricht. Mit einigen Monaten schon legen Kinder hin und wieder gezielt eine Schreipause ein und schauen Sie erwartungsvoll an. Nun kommt es darauf an, dass Sie geschickt mit dem Baby »verhandeln«. Erzählen Sie ihm, warum es warten muss, was Sie gerade vorbereiten, dass das »Leben nicht immer einfach ist«. Bleiben Sie im Dialog.

Ein müdes Baby, das quengelt oder schreit, können Sie ein wenig herumtragen und so zum Schlafen bringen, oder Sie legen es hin, summen eine ruhige Melodie, streicheln das Baby sanft. Allerdings bestehen manche Kinder dann lange Zeit auf solchen Ritualen. Wenn Sie die nicht mehr erfüllen möchten, heißt es neu verhandeln und dem Kleinen Zeit geben, sich auf veränderte Anforderungen – etwa von selbst einzuschlafen – einzustellen. Einem unruhigen Baby, das »überdreht« ist und keine Ruhe findet, helfen Sie oft am besten, wenn Sie es von zusätzlichen Reizen abschirmen und es dicht an Ihren Körper gedrückt herumtragen, so dass es wie im Bauch der Mutter Nähe und Begrenzung spürt – wie beim »Einpacken« oder »Pucken«. Sie können auch ein leichtes Schaukeln in der Wiege oder einen Spaziergang im Kinderwagen ausprobieren. Jede gleichbleibende rhythmische Stimulation wirkt beruhigend, fast immer einschläfernd. Es kann ebenso gut sein, dass Ihr Baby am besten Ruhe findet, wenn Sie es hinlegen und

es der sanften Melodie einer Spieluhr lauschen kann. – Sie merken schon, Patentrezepte gibt es nicht.

Das Baby mit Bauchweh profitiert fast immer davon, wenn es getragen wird.

Manchmal hilft schon auf den Arm nehmen gegen das Schreien.

Vieles spricht dafür, dass gerade die sanfte Bauchmassage beim Tragen – im Tuch vor dem Bauch, über der Schulter oder im Fliegergriff – Kindern bei Verdauungsproblemen hilft. Aber ob Verdauungsprobleme das Schreien auslösen oder das anstrengende Schreien die Verdauungsprobleme überhaupt hervorruft (siehe Seite 111), werden Sie wohl nicht herausfinden. Typisch ist jedenfalls, dass die Beinchen angezogen werden, der Bauch gebläht erscheint, das Gesicht rot angelaufen ist und das Schreien eher schrill klingt.

Für Eltern ein Stressfaktor

Wenn Ihr Baby heftig schreit, dann müssen Sie mit einem besonderen Stressfaktor zurechtkommen: Meist sind seine Augen völlig zusammengekniffen. Für den, der dem Baby etwas Gutes tun möchte, ist das ganz schrecklich, denn das unglückliche Gegenüber »macht dicht«. Im wahrsten Sinne des Wortes. Wir kommen gar nicht an das Kind heran. Außerdem ist das Kleine wirklich nicht mehr hübsch: Alles Niedliche, das ganze Kindchenschema ist aus dem Gesicht verschwunden: der Mund wirkt riesig, das Gesicht verzerrt. Das bedeutet auch, dass die Signale von »süüüüß«, die ja eine gute Betreuung sichern sollen, nicht mehr zuverlässig wirksam sind. Also: Gar nicht süß!

Gereiztheit steckt an

Es spielt keine Rolle, ob Ihr Baby mehr oder weniger schreit, manchmal werden Sie mit heftigsten Emotionen auf Ihr schreiendes Kind, das sich durch nichts beruhigen lässt, reagieren. Das hängt nicht nur mit den akustischen Eigenschaften des Schreiens zusammen und dem »unsüßen« Gesichtsausdruck, sondern auch mit Ihrer Hilflosigkeit.

Info

Ungeschützt

Der Verhaltensbiologe Dietmar Todt hat postuliert, dass der vorübergehende Verlust des süßen Gesichtchens für das Baby ein Risiko bedeutet, wenn es auf dem Arm oder dem Schoß seiner Mutter oder einer anderen Person ist oder in seiner Babywippe liegt und unablässig schreit. Denn: Einerseits ist das Schreien unerträglich, lange mag man es nicht hören, und andererseits kann das (verloren gegangene) Kindchenschema das Baby nicht vor unkontrollierten Reaktionen überforderter Eltern oder anderer Betreuer und – also auch nicht vor Misshandlung – schützen.

Babygeschrei: Dichtung und Wahrheit

Wahrscheinlich haben Sie auch schon die eine oder andere Theorie über Babyschreien gehört. Hier ein paar Beispiele von Dichtung und Wahrheit:

- Es liegt am Verdauungssystem – selten: nur zu 5 Prozent.
- Jungen schreien mehr – nein: Mädchen ähnlich viel.
- Höheres Einkommen, Schicht, Ausbildung der Mutter wirken sich günstig aus – nein: jedenfalls nicht in den ersten Monaten.
- Erstgeborene schreien mehr – nein: nur sind die Eltern eher besorgt und suchen eine Beratung.
- Mütter von »Schreibabys« sind nicht besonders sensibel – nein: der Unterschied liegt eher bei den Babys als bei den Müttern.
- Frühgeborene entwickeln sich häufiger zu »Schreikindern« – nein: gilt nur für extrem Frühgeborene (zwei Monate vor dem Termin).

Unterm Strich: Schreien in den ersten Monaten

- Manche Babys schreien mehr als andere.
- Am späten Nachmittag und frühen Abend sind Babys unzufriedener, quengeln, »meckern« oder schreien eher und mehr.
- Babys schreien in den ersten drei Lebensmonaten mehr als in der Zeit danach.
- Mit ihrem Schrei drücken Babys aus, wie schlimm die Lage ist. Aber was der Grund des Schreiens ist, das können Sie vor allem bei Neugeborenen nicht heraushören.
- Wenn Sie sich um Ihr schreiendes Baby kümmern, bedeutet dies nicht, dass Sie es verwöhnen!
- Sobald Sie spüren, dass Sie an Ihre Grenzen kommen, brauchen Sie Abstand vom Kind. Denken Sie auch an sich.
- Wie viel Babys schreien, hat eine Menge damit zu tun, in welcher Kultur sie aufwachsen. Je mehr Körperkontakt für normal gehalten wird, desto weniger schreien sie.

Wahrscheinlich werden Sie sich über sich selbst wundern, wie aufgeregt, wie verärgert oder verletzt Sie sein können. All diese Gefühle müssen Sie nicht verdrängen. Sie sind nur zu verständlich. Wichtig ist, dass Sie darüber mit anderen Müttern, Ihrer Freundin und dem Mann an Ihrer Seite reden. In manchen Momenten brauchen Sie vor allem eins: Distanz, Abstand von dem kleinen »Schreihals«, bevor Sie völlig am Ende Ihrer Kräfte sind. In solchen Krisensituationen hilft eine Art Krisenmanagement (siehe Seite 113). Scheuen Sie sich außerdem nicht, professionelle Hilfes einzuholen (siehe Seite 136).

Schreibabys

Leider hat sich der schreckliche Begriff »Schreibaby« eingebürgert. Als könne das Baby nichts anderes als schreien.

Dabei ist es viel mehr so, dass Babys, die schneller außer sich geraten und mehr schreien, häufig einfach mehr Hilfe und Zuwendung brauchen, um ihr inneres Gleichgewicht zu finden. Das kann für ihre Eltern schwierig sein, und manchmal ist professionelle Beratung oder therapeutische Unterstützung nötig (siehe Seite 136).

Sogenannte Schreibabys sind oft empfindsamer, reagieren auf Reize intensiver, und das besonders schnell. Sie sind das genaue Gegenteil von dem, was manche Eltern als »pflegeleicht« bezeichnen. Da manche Babys eine erhöhte Reaktivität haben und ihre eigenen Möglichkeiten der Selbstregulation noch gering sind, brauchen sie mehr regulierende Hilfe von außen: weniger Wechsel und Veränderung, mehr Gleichmaß im Alltag und Gleichmut seitens der Eltern. Andererseits sind dieselben Babys oft besonders aufgeschlossen, munter und an allem Möglichen interessiert. (Das

Kennzeichen von »Schreibabys«

Diese Verhaltensweisen sind typisch für Babys, die eher und mehr schreien:
Die Kinder …

- … sind unruhig, leicht unzufrieden, schwer zu beruhigen, wenn sie schreien, und sie quengeln oft,
- … wollen immer etwas Neues sehen (»Augenkinder«),
- … lassen sich von allem Möglichen ablenken (Pseudostabilität),
- … haben übermäßigen »Reizhunger«,
- … sind leicht übererregt,
- … haben vergleichsweise selten ruhige aufmerksame Wachphasen,
- … neigen dazu, den Körper durchzustrecken,
- … wehren Berührungen eher ab,
- … wollen am liebsten aufrecht sein und nicht liegen,
- … haben das Bedürfnis, getragen zu werden,
- … können bei Ermüdung schlecht abschalten,
- … haben kurze Schlafphasen am Tag (dadurch zunehmendes Schlafdefizit),
- … sind im Laufe des Tages übermüdet und überreizt (Schreigipfel in den frühen Abendstunden).

steigert allerdings auch die Gefahr von Überstimulation; siehe Seite 132)
Dass Babys gerade in den ersten drei Monaten häufig weinen und schreien ist normal. Und: Es gibt Babys, die quengeln und schreien mehr als andere, und zwar nicht nur hin und wieder, sondern in bestimmten Phasen ausgesprochen lange, ausdauernd.

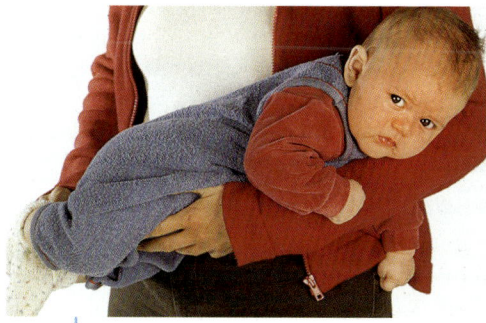

Gut bei Blähungen: der »Fliegergriff«.

Von einem »Schreibaby« sprechen Wissenschaftler, wenn ein Säugling mindestens drei Stunden täglich an mindestens drei Tagen pro Woche mindestens drei Wochen lang schreit.
Aber ganz unabhängig von dieser »Dreier-Regel« nach Morris A. Wessel: Ein viel schreiendes und oft quengelndes Baby ist ein großes Problem,

- wenn seine Eltern es nur noch als quengelnd und schreiend erleben
- und wenn sie an seinem Schreien verzweifeln, weil dieses Schreien durch die üblichen, meist intuitiv angewendeten Strategien und Methoden kaum beeinflussbar ist.

Die Chatrooms sind voll mit Tipps für die verzweifelten Eltern von »Schreibabys«. Und immer wieder werden – auch von Kinderärzten und Fachleuten – die

Dreimonatskoliken als Ursache dieses Schreiens, das zwischen der dritten und zwölften Woche auftritt, vermutet. Tatsächlich: In einer Schreiattacke wirkt ein Baby mit seinem hochrotem Gesichtchen, angewinkelten, verkrampften Beinchen, geblähtem Bauch und schrillem Schreien oft wirklich schmerzgeplagt. Untersuchungen haben jedoch gezeigt: Nur wenige dieser Babys, die so viel schreien, leiden an einer identifizierbaren organischen Erkrankung im Magen-Darm-Bereich. Auch ein noch nicht ausgereiftes Verdauungsenzym oder eine Intoleranz gegenüber bestimmen Inhaltsstoffen der Milch wird bei den exzessiv schreienden Babys nicht auffällig oft gefunden. Inzwischen weiß man auch, dass das vermeintlich so typische Kolikschreien in den ersten drei Monaten nur einen geringen Teil des täglichen Schreiens ausmacht und dass die Kolikschmerzen wohl eher Folge als die Ursache des Schreiens sind. Denn das Baby schluckt beim Schreien zu viel Luft, die seinen Magen-Darm-Trakt aufbläht. Das ist sicher schmerzhaft, das Baby schreit – mit der Folge: Sein Schreien löst bei seinen Eltern immer neue Versuche aus, ihr Kind zu beruhigen. Sie verändern die Still- oder Füttergewohnheiten, verabreichen immer neue Tees, massieren ihr Baby mit den unterschiedlichsten Ölen, tragen es immer hektischer und schneller herum – und werden dabei selbst immer nervöser.

Dazu kommt: Angesichts der in den Medien vermittelten heilen Welt der stets glücklichen Mutter und eines ständig zufriedenen Wonneproppens leiden vor allem viele Mütter eines »Schreibabys« unter dem Gefühl, als gute Mutter, die sie ja sein wollen, zu versagen. Den ganzen Tag mit ihrem unruhigen, quengelnden oder gar schreienden Baby allein gelassen und konfrontiert mit der Erfahrung, ihr Baby trotz aller Bemühungen – im wahrsten Sinn des Wortes – nicht stillen zu können, beginnen sie an sich zu zweifeln und werden anfällig für immer neue »gute« Ratschläge.

Ein Teufelskreis beginnt: Denn je mehr die Spannung bei den Eltern steigt, desto angespannter, nervöser wird auch das Baby, was sich vielleicht auf seinen Darm, sicher aber auf seine allgemeine Verfassung negativ auswirkt. Seine abendliche Schreiperiode kann sich auf mehrere Stunden steigern und macht die ganze Familie fix und fertig, was wiederum … und so weiter … Wie gesagt: ein Teufelskreis (siehe auch Seite 133)!

Die ersten drei Monate: Zeit der Regulation

Der Begriff der Dreimonatskolik weist schon darauf hin: Wie bei allen anderen Babys liegt auch bei vielen der besonders viel schreienden Babys der Beginn des vermehrten Schreiens und Quengelns in der zweiten Lebenswoche, gipfelt um die sechste Woche und klingt allmählich bis zum Ende des dritten Monats ab. Dies weist darauf hin, dass sie – wie viele ihrer Altersgenossen – noch Schwierigkeiten haben, ohne den mütterlichen Körper als Rhythmusgeber, in dem alles für sie geregelt war, zurechtzukommen. Es lässt aber auch vermuten, dass ihnen diese Entwicklungsaufgabe ganz besonders schwer fällt.

Krisenmanagement – die besten Tipps für Eltern eines »Schreibabys«

Eltern mit einem laut und ausdauernd schreienden Baby werden sich nie um gute Ratschläge Außenstehender bemühen müssen. Bedenken Sie aber: Jedes Kind ist anders. Sie müssen selbst herausfinden, was Ihrem Baby guttut. Das gelingt Ihnen aber nur, wenn Sie wieder zurückfinden zu Ruhe und Gelassenheit. Wie das geht? Gestehen Sie sich ohne schlechtes Gewissen zu, dass Sie hin und wieder eine Pause brauchen. Das ist wichtiger, als auf immer neue gute Ratschläge zu hoffen, die Sie dann kopflos oder besser »intuitionslos« verfolgen. Bitten Sie andere um Unterstützung! Gönnen Sie sich kurze Pausen von Ihrem Baby, in denen Sie die Erholung finden, die Sie so dringend brauchen! Denn erschöpfte Eltern haben kein Gespür, keine guten Ohren und Augen für die Signale ihre Babys! Nach dem Mittagsschlaf oder dem ersten gemeinsamen Abendessen im Restaurant seit Wochen sieht die Welt meist schon wieder ganz anders aus. Sie werden entdecken, dass Ihr Baby eben nicht nur schreit. Denn: Auch Ihr »Schreibaby« hat – wenn auch viel seltener und kürzer – die Möglichkeit, mit Ihnen zu »sprechen«. Genießen Sie diese Momente! Führen Sie vielleicht Buch darüber, damit Ihnen diese Erfahrung nicht verloren geht, wenn Sie einmal wieder das Gefühl haben: Mein Baby schreit ununterbrochen.

Eine große Aufgabe: Rhythmisierung und Regulation

Menschliche Babys werden eigentlich viel zu früh geboren. Tatsächlich haben sie nach der Geburt eine wesentliche Entwicklungsaufgabe vor sich, bei der es im Grunde genommen um eine Anpassung an das Leben »draußen« geht.

Neugeborene Babys müssen zu einer eigenen Regelmäßigkeit und Stabilität ihrer Körperfunktionen, -empfindungen und -zustände finden, und sie betrifft ganz banale Fähigkeiten wie Atmung, Nahrungsaufnahme, Verdauung und die Regulierung der Körpertemperatur. Vor seiner Geburt war z. B. die Nahrungsaufnahme des Babys ständig gesichert. Hunger und Sättigung als verschiedene Empfindungen gab es nicht. Jetzt muss sich das Baby damit auseinandersetzen. Es muss sich z. B. auch an verschiedene Außentemperaturen gewöhnen und zunehmend in der Lage sein, seine eigene Körpertemperatur stabil zu halten. Es muss einen neuen Schlafrhythmus entwickeln, der mehr und mehr unserem 24-Stunden-Rhythmus entspricht.

Diese Regulation – unter diesem Begriff werden heute die Reifungs-, Anpassungs- und Lernprozesse der ersten Lebensmonate zusammengefasst – gelingt meist innerhalb der ersten drei Monate. Sie ist die Fortsetzung einer Entwicklung, die im Mutterleib begonnen hat, sich jetzt aber den Außenbedingungen anpassen muss. Dabei braucht ein Baby Hilfe. Deshalb sind gerade anfangs Eltern als »Ko-Regulatoren« lebensnotwendig. Was vor der Geburt als rein körperlicher Austausch stattfand, funktioniert jetzt über ihre Intuition und Feinfühligkeit. Diese ermöglichen der Mutter, die Bedürfnisse ihres Babys zu erahnen und ihr eigenes Verhalten darauf abzustimmen.

Wie es weitergeht

Die rasanten Entwicklungsschritte, die Ihr Baby in den kommenden Monaten machen wird, helfen ihm, das Repertoire seiner Ausdrucksmöglichkeiten zu erweitern und zielgerichtet einzusetzen. Dabei entwickelt sich nicht nur eine sprachliche Kommunikation mit Einwortsätzen, sondern etwas viel Wichtigeres: eine feste emotionale Bindung.

Durchs erste Lebensjahr

Sind die ersten drei, vier Monate vorüber, dann werden Sie sicher merken, dass Ihr Kind weniger schreit und das Zusammenspiel, die Passung, immer besser gelingt. Mit Siebenmeilenstiefeln geht es nun voran: Das Baby entwickelt sich auf der Basis des frühen Dialogs zu einem aktiven Familienmitglied. Es bildet erste Silben und Wörter, rollt sich von der Krabbeldecke, sitzt, steht, wagt erste Schritte. Greift nach der Halskette seiner Mutter, will von dem probieren, was die Großen essen. Und es ist neugierig, schäkert mit allen möglichen Leuten, und plötzlich, eines Tages … fürchtet es sich vor Fremden.

Wer ein Kind hat, der merkt sehr schnell, die Entwicklung hält nicht an, sie schreitet ständig voran. Da heißt es: mitgehen, flexibel sein. Das Kind bringt unermüdlich überraschende Impulse in den gemeinsamen Alltag, und Sie werden gut damit beschäftigt sein, zu staunen und die neuen Angebote und Möglichkeiten aufzugreifen – also feinfühlig zu reagieren.

Zusammenhänge verstehen

In den ersten Lebensmonaten ist viel geschehen, Grundlegendes. Das Baby belohnt seine Eltern für so manche Mühsal mit einem Lächeln, und diese können sich mit ihrem vier Monate alten Kind schon »richtig« unterhalten! Von nun an schenken Eltern, Großeltern und Geschwister, Freunde und alte Bekannte verständlicherweise vor allem der Entwicklung der Motorik viel Aufmerksamkeit: Wann krabbelt der »Wonneproppen« (so ein schönes Wort!)? Wann sitzt er, steht auf, macht die ersten Schritte? Das wird zum Thema. Und natürlich ist auch die Frage höchst spannend: Wann lässt sich das erste Wort entziffern, wann wird es gezielt gebraucht?

Aber gemach. Gerade im Verborgenen entwickeln sich noch ganz andere Fähigkeiten, die es zu bestaunen gilt. Denn im Gehirn spielen sich unglaubliche Dinge ab. Sie führen zu einem enormen und ganz umfassenden Entwicklungsschub des Kindes. Und sie sorgen dafür, dass sich die biologischen Reifungsprozesse und die Informationen, die das Kind aus der Umwelt aufnimmt, miteinander verbinden.

Ihr Kind beginnt in dieser Zeit, sich zu drehen, zu robben, zu krabbeln, und gleichzeitig werden seine »Mundwerkzeuge« immer aktiver. Es brabbelt, es plappert vor sich hin. Es übt ganz ohne Druck und Ziel, verschiedene Laute zu bilden. Dabei lässt es sich immer stärker von der gehörten Muttersprache beeinflussen.

Es ist also so, dass das Kind das, was es wahrnimmt, und das, was es macht, aufeinander abstimmt. Sehr deutlich erkennen Sie diese Verschränkung von Wahrnehmung und Motorik, wenn Sie beobachten, wie Babys zunehmend besser ihren dringlichen Wunsch umsetzen, etwas in den Mund oder in die Hand zu nehmen. Mit anderen Worten zu »mundeln« oder zu ergreifen.

Greifen: einen Begriff bekommen

Etwa ab dem zweiten Lebensmonat stecken Babys gern ihre Hände in den Mund, untersuchen sie mit Zunge und Lippen – können so vergleichen, was sie sehen und fühlen. Alles, was sie in die Hände bekommen, erkunden sie auf diese Weise. Das ist ein wichtiger Schritt, um schon bald Gegenstände oder die Nase im Gesicht der Mutter oder die Haare der Schwester zu begreifen und das »Begriffene« später mit einem Wort zu benennen. Es dauert nicht lange, und Ihr Kind wird außerhalb seiner Reichweite Dinge sehen – wie die rote Ente in der Badewanne –, die es gern hätte, unbedingt haben möchte. Heftig beginnt es mit den Beinen zu strampeln – »äh, äh, äh« – und auf die Plastikente zu starren. Wenn Sie Ihrem Kind nun das Spielzeug geben, wird es dies sofort in den Mund stecken, und seine Anspannung wird nachlassen. Mit vier, fünf Monaten klappt das Greifen oft schon in Eigenregie: Vorsicht, jetzt ist vermutlich Ihre Brille in Gefahr, wenn Ihr Gesicht in Reichweite ist.

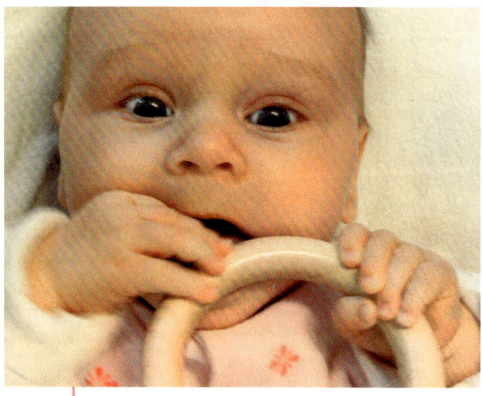

Alles, was in Reichweite ist, wird mit Begeisterung ge- und begriffen.

Zunächst greifen Kinder mit beiden Händen gleichzeitig. Mit einem halben Jahr beginnen sie mit einer Hand nach etwas zu greifen und es festzuhalten. Noch etwas später schnappen sie nach etwas mit dem ganzen Daumen und dem Zeigefinger (Scherengriff), und schließlich greifen sie präzise mit Daumen und Zeigefingerkuppe nach Interessantem. Dieser Präzisions- oder Pinzettengriff ist eine Besonderheit der Evolution, nur Menschen und ihre nächsten Verwandten, die Affen, haben ihn.

Aus den Augen – nicht aus dem Sinn

Im ersten halben Jahr gilt: Aus den Augen – aus dem Sinn. Der Ball, der unter das Sofa gerollt ist, ist verschwunden, für das Baby nicht mehr da. Aber dann, im zweiten Halbjahr entwickelt sich »Objektpermanenz« – ein abstrakter Begriff für eine simple Angelegenheit. Er beinhaltet, dass das Kurzzeitgedächtnis nun so gut funktioniert, dass Ihr Baby weiß: Dieser Ball, der unter das Sofa gekullert ist, ist nicht weg. Nein, er ist noch da – nur nicht sichtbar und nicht erreichbar. Also beschwert sich das Kleine, denn mittlerweile hat es gewisse Zusammenhänge zwischen seinen Äußerungen und den Reaktionen anderer Personen verstanden. Es quengelt daher oder schreit und signalisiert: Bruder, Mutter, Vater, irgendjemand möge bitteschön den Ball hervorholen.

Das Kind weiß nun auch, dass Personen, die durch die Tür verschwinden, nicht verloren sind. Die Mutter geht nur hinaus und kommt früher oder später wieder

herein. Wenn ich will, kann ich hinter-
herrobben, mag das Kleine überlegen,
wenn es bereits so mobil ist. Oder es testet
sein Sprachvermögen. Nach dem Motto:
Mal sehn, ob es sich lohnt, »mamam«
zu rufen.

Ausdrucksverhalten:
Mittel zum Zweck

Von Anfang an regulieren Kinder mit
ihrem Gefühlsausdruck das Verhalten
anderer Menschen: In den ersten Lebensmonaten machen sie das nicht gezielt,
zweckgerichtet. Das ändert sich jedoch
in der zweiten Hälfte des ersten Lebensjahres. Da weiß das Kind, dass Schreien
eine Möglichkeit ist, jemanden »herbei-
zuzitieren«. Die Kleinen schreien mit
offenen Augen, warten auf den Jemand
und hören sofort auf, wenn er in der Tür
erscheint. Zweck erreicht.

Zielgerichtetes Handeln und
Interpretieren von Mimik

Andersherum ist das genauso: Zwischen
dem 6. und 9. Lebensmonat beginnen Kinder ihren Mitmenschen »zu unterstellen«,
dass sie etwas zielgerichtet, mit Absicht,
vor dem Hintergrund von Wünschen und
Wollen tun. Und sie interpretieren das
Ausdrucksverhalten ihrer Bezugspersonen
nicht nur, sie nutzen es und verlassen sich
auch darauf. Drückt die Person beispielsweise freudige Zuversicht aus, dann folgen
sie ihrem eigenen Impuls. Ein skeptisches
Gesicht kann hingegen den Impuls, dies
oder jenes zu tun, blockieren.
Dass sich in diesem Alter der Austausch
visueller und akustischer Signale zwischen
dem Kind und seinen Eltern eingespielt

hat, ist kein Zufall, es passt zu dem
wachsenden Erkundungsdrang, der sich
entwickelnden Autonomie des Babys.
In vielen Situation vergewissern sich die
Kinder jedoch bei der vertrauen Person
– etwa wenn sie ein Tier streicheln möchten, das ihnen unheimlich ist –, ob ihr
Handeln in Ordnung ist. Oft schauen sie
dann erst in das Gesicht des Erwachsenen
oder ergreifen seine Hand, halten sich
am Rockzipfel oder am Hosenbein fest.

Die Sensation:
Mein Kind spricht!

In ihrem zweiten Lebenshalbjahr verstehen Kinder nicht nur das Mienenspiel
und den Klang der Stimme, sondern
auch schon einzelne Wörter. Aber wann
produzieren sie das erste »wirkliche«
Wort? Wann benennen sie etwas? Wen?
Dieses erste Wort ist immer eine kleine
Sensation für die Eltern und ein weiterer
wichtiger Meilenstein in der Beziehung
zu ihrem Kind.
Mit einem unzweifelhaften »Papa«
begeistern Töchter und Söhne oft ihre
Väter (und Mütter), und erst etwas später
sagen sie dann meist auch »Mama«. Dass
es häufig in dieser Reihenfolge passiert,
verwundert vielleicht. Es kann daran
liegen, dass der Konsonant p den Kleinen
leichter über die Lippen kommt als das
m, aber auch daran, dass die Mutter
schon viele Male mit besonderer Betonung gesagt hat: »Da ist ja der Papa«,
wenn dieser nach Hause kam, mit dem
Baby schmusen wollte oder ihm die Teeflasche brachte, also in Sichtweite des
Kindes erschien.

Es ist für Eltern ein wunderbares Gefühl, wenn ihr Kind sie anspricht, beim Namen nennt oder mit einer neuen Wortschöpfung benennt. Geschwistern, nahen Verwandten und Freunden geht es genauso. Keine Frage, unterschieden und erkannt werden diese Personen alle schon lange vorher, aber die neue, eindeutige Anrede stärkt die Beziehung.

Sprechen: vom Laut zur Sprache

Gegen Ende des ersten Lebensjahres können manche Kinder einzelne Personen, Tiere oder Sachen mit einfachen, meist ein- oder zweisilbigen Wörtern benennen. Doch nicht alle Kinder sind so früh dran.

Kein Grund zur Ungeduld oder für Training. Gehen Sie einfach davon aus, dass mit eineinhalb Jahren fast jedes Kind »Mama« und »Papa« sagen oder Vornamen wie »Elte« (für Elke) und »Boban« (für Wolfgang) sprechen kann und wird. Noch früher können sie schon viele Wörter im Situationszusammenhang richtig verstehen (siehe Seite 121). Die eigentliche Sprachentwicklung kommt allerdings erst im 2. und 3. Lebensjahr so richtig in Schwung. Doch wie formuliert der Kinderarzt Remo H. Largo so schön: »Zuvor aber besteht keineswegs ein Kommunikationsnotstand.«
Wir haben gesehen, dass kleine Babys schon durch die frühen Dialoge in die Strukturen der Kommunikation hineingezogen werden in das Wechselspiel von

Stufen der Sprechentwicklung

1. Vorsilbenstadium
- **Von Geburt an**: Außer den Schreien äußern Neugeborene viele kleine Laute, die wie ein Stöhnen, ein Schmatzen, quengelnd oder nach Zufriedenheit klingen.
- **Ab der 6. – 8. Woche:** Das Baby macht vokalartige Laute wie »a« oder »o«, die immer stärker moduliert werden, und es bringt neue Laute hervor, die dadurch entstehen, dass es mit der Zunge, den Lippen oder dem Speichel spielt (Gurrphase).

2. Silbenstadium
- **Nach dem 4. Monat:** Vokalartige Laute und konsonantenartige Verschluss-, Blas- und Reibelaute verbinden sich zu Silben, so dass Kombinationen wie »ba« oder »ga« entstehen. Die Silben werden bald auch wiederholt und variiert. Daraus ergeben sich Lautketten wie »baba« oder »gürügrü« oder »mehmeh«, denen Babys selbst gerne zuhören und die sie manchmal wirklich mit Anstrengung zu erzeugen versuchen (»Plappern«, »kanonisches Lallen«).

3. Einwortstadium
- **Ab dem 10. Monat:** Es entstehen einfache Wörter wie »Mama« oder »appa« (essen), die zunehmend gezielt mit Betonung (Satzintonation) eingesetzt werden. »Appa!« kann dann eben bedeuten: Ich habe Hunger. Ich möchte etwas trinken, essen.

Sprechen und Zuhören. Und wir haben anhand der Experimente Kaiser Friedrichs II. erfahren, dass Kinder nicht von sich aus mit dem Sprechen beginnen, sondern nur, wenn sie in engem Kontakt mit anderen Menschen stehen, mit deren Gefühlen und Gedanken, deren Mienenspiel und Sprache. Zwar sind im Gehirn Regionen für den Spracherwerb und das Sprechen von Geburt an vorhanden – das Sprachvermögen entwickelt sich aber nur dann, wenn es den nötigen Input durch Kommunikationspartner erhält.

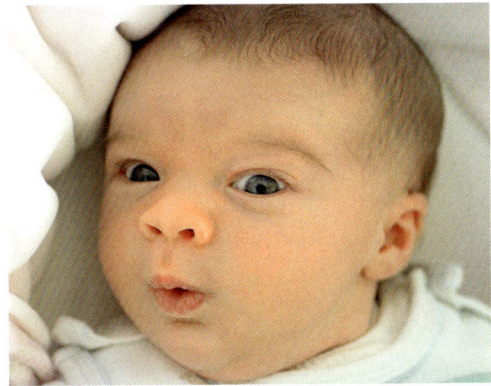

Früh übt sich … – »Sprechübungen« im Babybett.

In verschiedenen Stadien (siehe Kasten links) schaffen die Kinder viel mehr, als nur Laute, Silben oder Wörter zu erzeugen. Sie erwerben die Grundprinzipien ihrer Muttersprache und der sprachlichen Kommunikation.

Im Vorsilbenstadium lernen sie, die Stimmhöhe zu verändern, die Dauer, die Intensität und den Rhythmus ihrer Lautgebungen zu variieren – und hören, wie das klingt, was sie so alles mit ihren Stimmbändern und Artikulationswerkzeugen, also Zunge, Lippen und Gaumen, zustande bringen.

Im Silbenstadium lernen sie, welche Unterschiede in der Sprache relevant sein können (»baba« ist etwas anderes als »gaga«), und sie üben in immer länger werdenden Silbenketten bereits rhythmische Strukturen und die Betonungsmöglichkeiten. Mit der Zeit erzeugen Kinder ganz typische Silbenkombinationen ihrer Muttersprache, also französische Mädchen und Jungen nasale Silben wie »en« und »un« – deutsche diese eben nicht. Und auch das klappt: Die Stimme kann einen ärgerlichen Unterton bekommen, einen klagenden oder einen freundlich fröhlichen.

Im Einwortstadium setzen Kinder endlich ein, was sie längst verstehen: Sie wissen und nutzen, dass »Papa« nicht nur anders klingt als »Mama«, sondern dass dieser Unterschied wichtig und im wahrsten Sinne bedeutsam ist: Mit den Wörtern lernen Kinder, dass es konventionelle Assoziationen von Laut und Bedeutung in ihrer Sprachumwelt gibt. Oft benutzen Kinder ein Wort zunächst nur für einen ganz konkreten Gegenstand, z. B. »Auto« nur für das gelbe Cabrio der Nachbarin. Das heißt, sie engen den Geltungsbereich des Wortes ein. Ebenso üblich ist es, dass sie ihn ausweiten, in dem etwa alle Vierbeiner »Wauwau« heißen. Außerdem entstehen die ersten Einwortsätze, in denen das Kind die Intonation nutzt, um etwa zu fragen »Papa?« (Hab ich Papa gehört?) oder »Mama!« (Mama komm endlich!)

Sie werden von Anfang an merken, dass Ihr Kind Spaß an Tönen hat und sich freut, wenn Sie lustige Geräusche machen oder ihm etwas vorsingen. Nach dem ersten Vierteljahr werden Babys oft zu richtigen Lautkünstlern. Spielerisch plaudern sie mit Tönen und Geräuschen, nicht nur in Ihrer Nähe, auch wenn sie ganz allein in einer Wippe, der Sitzecke oder im eigenen Bett liegen.

Auch Kinder, die kaum oder gar nicht hören können, plaudern zunächst. Im zweiten Halbjahr verstummen sie jedoch mehr und mehr, obwohl in dieser Zeit die Lautproduktion eigentlich immer variabler wird und die Laute immer mehr dem Repertoire der Muttersprache ähneln. Das bestätigt: Es kommt darauf an, anderen beim Sprechen zuzuhören. Dadurch, dass Kinder die Laute oder Wörter ihrer Gesprächspartner ständig hören und regelrecht nachahmen, erwerben sie das Lautinventar und die Kombinationsmöglichkeiten dieser Laute in ihrer Muttersprache – ohne gezieltes Training. Auf diese Weise lernen sie die Regeln kennen und wenden sie später selbst an, beispielsweise, dass es im Deutschen Wörter gibt wie »nehmen«, aber keine Lautfolgen wie »wziasc«, was auf Polnisch »nehmen« heißt. Interessanterweise erhärtet sich bei den Kleinen nun auch der Verdacht, dass das, was sie machen, für andere eine Bedeutung hat. Zum Beispiel lässt sich mit Klatschen diebische Freude oder Beifall ausdrücken, und die Folge ist: Der Großvater, der eben um die Ecke des Schrankes gelugt hat, versteckt sich nochmals hinter dem Schrank. Und mit der winkenden Hand wird offenbar jemand verabschiedet – und was folgt? Tatsächlich zieht sich die Großmutter gleichfalls winkend aus dem Zimmer zurück, wenn der kleine Wonneproppen winkt.

Nicht nur mit Gesten lässt sich die Welt bewegen, das geht auch mit Tönen. Wenn aus dem geplauderten »Papapapa« ein »Papa?« wird, entsteht echte sprachliche Kommunikation.

Kein Training nötig

Sprache erwerben Kinder im gemeinsamen Alltag mit anderen Muttersprachlern. In unserer leistungsorientierten Gesellschaft entsteht leicht ein äußerer Druck dadurch, dass das eine Kind schon dieses oder jenes kann – etwa »da« sagen

Sprechen Sie mit Ihrem Baby!

Nicht die Menge der gehörten Wörter bewirkt, dass sich der Wortschatz eines Kindes gut entwickelt, es kommt vielmehr auf das richtige Angebot an. Dazu gehört, dass Eltern mit viel Betonung, akzentesetzender Satzmelodie und Wiederholungen sprechen oder ein Buch vorlesen. Jedoch nicht emotionslos, sondern empathisch – wie es in der Ammensprache üblich ist.

Die vielbelächelten Verkleinerungsformen wie »Kätzchen« und »Mündchen« sind ebenfalls keine reine Spielerei, sondern anfangs nützliche Hilfsmittel beim Erwerb der Sprache – aufgrund der Endung werden sie als Nomen erkennbar.

Und der Wortschatz hängt bei den Einjährigen tatsächlich auch davon ab, ob Eltern die Aufmerksamkeit ihres Babys häufig auf etwas »Schönes, Buntes, Spannendes« in der Umwelt gelenkt haben und gern mit ihnen sprechen.

und auf das Eis zeigen – und das andere eben noch nicht. Doch hier handelt es in aller Regel um normale Entwicklungsunterschiede ohne längerfristige Konsequenzen und ohne die Notwendigkeit für ein besonders Training. Nur wenn ein Kind mit zwei Jahren noch keine 50 Wörter spricht, könnte das bedeutsam sein. Wenden Sie sich in diesem Fall an Ihren Kinderarzt oder eine Beratungsstelle (siehe Seite 141). In jeder Familie gibt es Babys, die früh sitzen oder krabbeln, früh sprechen und manchmal sogar schon im Vorschulalter die ersten Wörter und Sätze lesen können. Aber es gibt keine Evidenz, dass, wer früh krabbelt, später im Sprint Olympiasieger wird oder von Rückenproblemen verschont bleibt. Und niemand hat nachgewiesen, dass der Bestsellerautor oder die Nobelpreisträgerin im Babyalter Sprachgenies waren.

Mit anderen Worten: Wozu das Sprachvermögen eines Kindes trainieren? Wozu die Lust an den Lauten durch Druckmittel vergällen? Reden Sie mit Ihrem Kind, singen Sie mit ihm, und lassen Sie es zu Wort kommen! Vor allem lassen Sie sich nicht weismachen, dass das Geplapper aus dem Fernsehgerät oder anderen Medien das Sprechen von Kleinkindern fördern kann. Experimente haben das Gegenteil ergeben.

Hören: Verstehen eilt dem Sprechen voraus

Von Anfang an hat das Neugeborene großes Interesse an der menschlichen Stimme, ganz besonders an der seiner Mutter. Und es hat sich gezeigt, dass die Ammensprache dafür sorgt, dass Babys länger aufmerksam zuhören und zusehen können. Die Besonderheiten dieser Sprache sind sozusagen eine Anpassung an seine begrenzten Aufnahme- und Verarbeitungsmöglichkeiten und helfen ihm, den Redefluss zu strukturieren. Schon in den ersten Wochen lernt ein Baby, wie seine Muttersprache klingt, und es erfährt in den ersten Monaten, wie sie etwa durch Sätze rhythmisch strukturiert ist. Am Ende des ersten Halbjahres kann ein Baby aus Sprechmelodie und Lautstärke bereits Stimmungen und Gefühle heraushören. Wundern Sie sich also nicht, wenn Sie mit der vierjährigen Tochter schimpfen müssen und ihr sechsmonatiges Baby plötzlich zu weinen beginnt.

In der zweiten Hälfte ihres ersten Lebensjahres wissen Babys, dass Wörter eine Bedeutung haben, und lernen immer neue dazu. Und am Ende des ersten Jahres verstehen Kinder die Bezeichnungen vieler bedeutsamer Gegenstände, Personen und Tätigkeiten in ihrer Umwelt. Wissenschaftler haben nachgezählt und kommen auf 50 bis 100 Wörter. Selbst anwenden können die Babys diese aber dann noch nicht. Als Eltern werden Sie bemerken, dass Ihr Kind mit den Augen sucht, wenn Sie »Papa« sagen und der Papa nicht im Raum ist. Außerdem verstehen Einjährige kleine Aufforderungen wie: »Gib mir das Buch.« Oder Verbote: »Nein, fass das nicht an!« Allerdings sind sie noch darauf angewiesen, dass die Dinge, von denen die Rede ist, sichtbar sind – also das Buch oder das scharfe Messer. Längere Sätze zu verstehen und die genaue Bedeutung etwa von Verben oder von Präpositionen wie »in«, »auf« oder »unter« lernen sie dann nach und nach im zweiten Lebensjahr.

Gebärdensprache: Nutzen nicht erwiesen

In den USA haben sich in den 1980er und 1990er Jahren einige Psychologen mit der Frage beschäftigt, ob es Sinn ergibt, Kindern von etwa einem halben Jahr Gebärden beizubringen, die der amerikanischen Gehörlosensprache ASL entstammen und vor allem auf Handzeichen beruhen. Die Vorstellung war, dass die Kleinen so ihre jeweiligen Bedürfnisse früher mitteilen können, weil die Bewegungskontrolle der Hand sich rascher entwickelt als die Steuerung der Sprechorgane.
Neuerdings macht das daraus entwickelte »Baby Signing«, die Babyzeichensprache, Babygebärdensprache oder Zwergensprache auch bei uns von sich reden. Bücher, Internetseiten und Kursangebote zeigen, wie man mittels Handzeichen mit Babys kommunizieren kann, bevor sie sprechen.
Fürsprecher von Babygebärdentraining versichern, dass es viel einfacher sei, sein Kind mit Hilfe der 50 oder sogar 100 Gebärden, die es bis zum zweiten Geburtstag lerne und anwende, zu verstehen. Vor allem seien Kinder, die sich so ausdrücken können, nicht so wütend oder trotzig, weil es zwischen Groß und Klein seltener zu Missverständnissen komme. Dafür gibt es bisher keine aussagekräftigen wissenschaftlichen Belege. Diese fehlen auch für andere Versprechen der Anhänger von Babyzeichensprache: etwa Förderung der Kommunikationsfähigkeit, der intellektuellen Entwicklung, der Eltern-Kind-Bindung und später ein größerer Wortschatz. Wissenschaftliche Experten hingegen halten das Ganze für eine Mode und betonen, es sei unklar, wie sich Gebärden und Sprachentwicklung beeinflussen.
Übrigens: Sie werden es merken, und Ihre Freunde mit Kindern oder Ihre eigenen Eltern können es bestätigen, dass sich im Alltag wie von selbst die eine oder andere Gebärde aus der Interaktion ergibt und dass kleine Kinder Erzählungen mögen, die mit Gebärden untermalt werden. Mit der Zeit probieren sie selbst aus, solche Gebärden nach- und mitzumachen.

Das Handzeichen für »Milch« – das aber noch in (melkende) Bewegung gesetzt werden muss.

Damit dieses Zeichen »mehr« heißt, muss die rechte zweimal auf die linke Handfläche tippen.

»Ich hab nichts« – diese Zeichensprache versteht jeder.

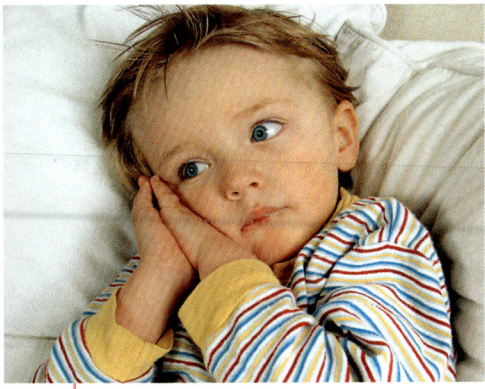

»Ich bin ganz müde – sonst fehlt mir nichts.«

Und so geht's – komplizierte Handzeichen

»Baby Signing« und Co. bedeutet hingegen das Erlernen von Techniken. Den Kindern werden bestimmte, teilweise sich bewegende Handzeichen beigebracht, die für wichtige Alltagsbegriffe stehen. Es gibt leichte und schwere Zeichen, die eine gute Bewegungskontrolle der Hände erfordern und in Anlehnung an die Gebärden für Gehörlose entstanden sind. Konkret: Für den wichtigen Begriff »Milch« steht z. B. in der Zwergensprache von Vivian König eine Gebärde, die eine Art Melkvorgang nachempfindet – aber auch als Zitze oder Brustwarze betrachtet werden kann.

Und so geht's: »Rechte Hand auf Brusthöhe zur Faust, Daumen nach oben abgespreizt, Faust dreimal öffnen, dabei schließen wie beim Melken.« – Alles klar? Das Wort »mehr« gilt ebenfalls als besonders wichtig. Keine Frage. Und wie sieht es als Gebärde aus? »Finger der linken Hand vor Körper gestreckt mit Handflächen nach innen und Daumen angelegt, alle Fingerspitzen der rechten Hand zusammenhalten und zweimal damit in die Handfläche der linken Hand tippen.«

Das ist offenkundig nicht so einfach hinzubekommen und zu verstehen. Und was kleine Kinder aus der Vorschrift machen, ist sehr, sehr unterschiedlich. Nicht verwunderlich, dass in den sogenannten Gebärden-Lexika Erwachsene oder ältere Kinder zeigen, wie die Handzeichen aussehen.

Wenn dann auch noch aus mehreren Gebärden Sätze gebildet werden sollen, von der Art: »Mehr Milch!«, erfordert das von Eltern und Kindern einiges Training.

Brauchen wir das? Das darf nun wirklich jeder für sich und sein Kind entscheiden, solange sich keine schädlichen Auswirkungen erkennen lassen – bisher sind keine bekannt. Wenn es Ihnen und Ihrem Kind wirklich Spaß macht, warum nicht. Sie können Gebärden aus der Ratgeberliteratur übernehmen, eigene entwickeln oder sich an traditionelle erinnern: Etwa die Handflächen nach oben drehen als Zeichen für »Das ist leer« bzw. »Ich habe nichts mehr!« (siehe Foto oben links).

Oder als Zeichen für »müde« den Kopf zur Seite neigen und auf die aneinandergelegten Hände legen.

Viele solcher Gebärden sind traditionelles Allgemeingut – da haben Sie nicht das

Problem, dass eine Erzieherin nichts mit dem Handzeichen für »mehr« anfangen kann oder die Großmutter nicht ahnt, was los ist. Genau das beklagen Eltern von Kleinkindern, die am Gebärdentraining teilnehmen, nämlich in Internetforen.

Ziel erreicht: die sichere Bindung

Aus den frühen Gesprächen mit Blicken und Lächeln, mit Schmusen, lautem Schreien und beruhigendem Singsang entwickelt sich nicht nur eine sprachliche Kommunikation mit Einwortsätzen, Zeigegesten und einem rasch voranschreitenden Sprachverstehen. Nein, nicht nur das. Allmählich entsteht auch eine feste emotionale Bindung.
Sie hat mit den ersten Phantasien über das zukünftige Kind, seinen ersten Bewegungen und den glückseligen und auch zweifelnden Gefühlen nach der Geburt begonnen. Denn von Anfang an sind Mutter und Baby im Gespräch,

Ansprache, Nähe, Innigkeit – das bieten auch ältere Geschwister.

tauschen sich aus, lernen voneinander. Aber der Vater, Geschwister, Großeltern, alle können ebenso schon in den ersten Lebenswochen zum Gesprächspartner des Babys werden. Wer mit dem Baby in Kontakt treten möchte, muss ein wenig Zeit und Ruhe mitbringen, vertraut werden und wird sich intuitiv den Bedürfnissen und Kompetenzen eines Neugeborenen anpassen können.

Bindungsfähigkeit und Entdeckungsgeist

In den letzten 50 Jahren haben Forschungsarbeiten ergeben, dass die Art und Weise, in der Babys in den ersten Lebensmonaten Antworten auf ihre Signale erhalten, einen erheblichen Einfluss auf zwei Bereiche hat: erstens auf die Möglichkeit, selbst Bindungen herzustellen, die gut und sicher sind, und zweitens auf die Möglichkeit, mit Interesse die Umwelt zu erkunden.
Ganz am Anfang machen Babys keinen großen Unterschied zwischen Personen, die sich liebevoll um sie kümmern. Sie schlafen auf dem Arm des noch unbekannten Großvaters ein, lassen sich von einer Freundin der Mutter wickeln. Nach etwa zwei, drei Monaten kennen Babys Menschen, die sich wie die Mutter und der Vater viel mit ihnen beschäftigen – die sogenannten Bezugspersonen –, sehr gut. Und sie machen immer öfter mit Geschrei, vorgestreckten Armen oder Lächeln klar, mit wem sie zu tun haben möchten und mit wem nicht. Babys vermissen leicht ihre Bezugspersonen, bestehen auf ihrer Nähe, protestieren und leiden, wenn sie von ihnen getrennt sind.

Dass die Bindung an vertraute Menschen so festgezurrt ist, das mag für Sie, die Mutter, als zunächst wichtigste Bezugsperson manchmal anstrengend sein. Gerade noch hat Ihr Baby den Kreisel bestaunt, und Sie wollen nur kurz die Wohnungstür öffnen, da gibt es Protest. Betrachten Sie das Protestgeschrei einmal von einer anderen Seite. Wieder hat die Evolution ihre Finger im Spiel: Da Babys mit etwa einem halben Jahr zu krabbeln beginnen, sich auf die eine oder andere Weise von der Mutter entfernen können, ist kindliches Bindungsverhalten ein Schutz, ein unsichtbares Band. Es funktioniert gerade dann zuverlässig, wenn Babys mobil werden. Und was machen die Kleinen bei Trennungen oder in Schrecksekunden? Sie suchen die Bindungsperson, krabbeln hin, klammern sich fest, schmiegen sich an, schreien, weinen oder lächeln »das Objekt ihrer Begierde« an.

Geborgenheit im Dienst der Neugier

Wie wichtig für die Entwicklung ein sicherer Hafen, also eine innige und vertrauensvolle Beziehung ist, zeigte sich besonders drastisch in Experimenten mit Affenjungen, die wie unsere Kinder lange auf Betreuung und Nähe angewiesen sind. In den 1950er Jahren hatte sich der US-amerikanische Psychologe Harry Harlow vorgenommen, die Entstehung von Gefühlen zu erforschen, speziell der Mutterliebe. Seine ohne Frage grausamen Experimente bestätigten, was uns heute als selbstverständlich erscheint: Dass eine Mutter mehr ist als ein Etwas, das

Info

Die Tierwelt macht's vor: Prägung

Im Tierreich gibt es andere Lösungsmöglichkeiten für dasselbe Problem: die Prägung. Sie sorgt bei den sogenannten Nestflüchtern dafür, dass sie direkt nach dem Schlüpfen (Entenküken) oder gleich nach der Geburt (Schafe und andere Huftiere) bestimmte Eigenschaften ihrer Mutter kennenlernen. Sobald Mutter Ente sich in den nahen Teich stürzt oder Mutter Schaf sich der weiterziehenden Herde anschließt, folgen die Jungen zuverlässig – so gut sie eben können.

Milch spendet. Und dass für die gefühlsmäßige Bindung andere Dinge wichtiger sind als die »Nährfunktion«.

Der Kuschelfaktor

Harry Harlow trennte Affenkinder nach der Geburt von ihren Müttern. Einige zog er mit einem Drahtgestell, das ein Gesicht hatte und Milch spendete, auf, andere mit einem Gestell, das das gleiche Gesicht hatte, aber mit weichem Plüsch bespannt war. Als die Tiere bereits durch den Käfig laufen konnten, erschreckte er sie mit einem lärmenden Roboterbär oder einem anderen furchterregenden »Spielzeug«. Und was machten die Kleinen? Die mit der künstlichen Plüschmama flitzten zu ihrer Ersatzmutter hin, suchten dort Schutz, beruhigten sich, guckten vom sicheren Hafen auf das fremde Objekt. Doch die Affenjungen, die mit dem milchspendenden Drahtgestell aufgewachsen waren, verkrochen sich in eine Ecke und zogen den Kopf ein. Man folgerte daraus, dass Kuscheln ein Schutz- und Sicherheitsgefühl vermittelt, das wichtiger ist als die Möglichkeit, Milch zu saugen (ausreichend ernährt wurden alle Versuchstiere). Übrigens waren auf lange Sicht all diese »Attrappenkinder« in ihrem Verhalten gestört: Sie fügten sich nicht in Gruppen ein, entwickelten keine sexuellen Partnerschaften und erwiesen sich (nach künstlicher Befruchtung) als rabiate Mütter.

Mut zu Entdeckungsreisen

Harlows Experimente demonstrierten nicht nur, wie wichtig ein sicherer Hafen ist, sondern auch, dass auf dieser Basis der vertrauensvollen Bindung die Zuversicht wächst – und die Begierde, etwas Fremdes, Unbekanntes zu erforschen. Wissenschaftler sprechen von »explorieren«. Nachdem nämlich die Kleinen bei der Plüschmama Schutz gefunden und sich beruhigt hatten, beäugten sie das fremde Objekt, lösten sich allmählich aus dem sicheren Hafen und näherten sich zögernd an. Die Neugier setzte sich bei diesen Tieren durch.
Ähnliches beobachten Eltern auch: Die maunzende Katze ist für den kleinen Jungen oder das kleine Mädchen spannend, aber ein wenig unheimlich, erst recht, wenn sie sich plötzlich ungefragt nähert. Doch an der Hand von Vater, Mutter oder einer anderen Bezugsperson wagt das Kind, sie zu berühren.

Fremdeln

Kinder, die sich wie solche kleinen Katzenforscher benehmen, haben ein nützliches emotionales Band zu ihren Eltern entwickelt. Doch es gibt eine andere Seite der Medaille: Die meisten, aber nicht alle Kinder beginnen im siebten oder achten Lebensmonat zu fremdeln. Man spricht von der »Acht-Monats-Angst«. Meistens fremdeln sie nur für wenige Wochen, ihre Reaktionen auf unbekannte Menschen sind manchmal heftig, manchmal kaum zu bemerken.

Und wie sieht Fremdeln aus? Stellen Sie sich vor, Sie haben Ihre Tochter oder Ihren Sohn auf dem Arm, warten beim Bäcker darauf, dass die Brötchen eingetütet sind. Da klammert sich Ihr Kind plötzlich an. Was ist los? Hinter Ihnen steht ein junger Mann – ganz anders als der Vater Ihres Kindes schaut er aus. Wenn Sie genau hinsehen, bemerken Sie, dass Ihr Kind seine Augen weit aufgerissen hat, es starrt den fremden Mann an, dann wendet es den Blick von ihm ab, kurz darauf blickt es den Fremden wieder aufmerksam an, wachsam, dann kuschelt es sich kurz an, schaut wieder hin. Wenn der junge Mann das als Aufforderung missversteht, Ihre Tochter oder Ihren Sohn anzusprechen, kann es passieren, dass sie oder er zu schreien anfängt. Aber das ist die Ausnahme. In der Regel merken Sie vor allem, dass Ihr

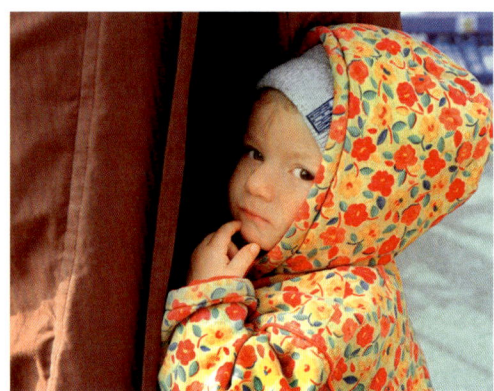

Beobachtung nur vom »sicheren Hafen« aus.

Kind angespannt ist. Und dass es sich entspannt, wenn Sie beide endlich samt Brötchen aus dem Laden sind.

Für die weitere Entwicklung hat es offenbar keine große Bedeutung, ob und wie heftig Ihr Kleines fremdelt. Nehmen Sie es einfach, wie es ist.

Bindungsstile

Wie unterschiedlich sicher und geschützt sich Kinder fühlen, hat die kanadische Psychologin Mary Ainsworth, die die Bedeutung der Feinfühligkeit für die Bindung eines Babys an seine Eltern hervorgehoben hat, über Jahrzehnte erforscht. Sie und ihre Kollegen haben viele Videofilme von einer immer gleich ablaufenden Trennungssituation ausgewertet, dem »Trennungstest« (siehe Kasten). Anhand einer Schlüsselszene des Versuchs konnten sie verschiedene »Bindungsstile« erkennen, und sie betonen, dass Grundzüge dieser Stile schon in den »Gesprächen« der ersten Lebensmonate angelegt sind.

In dem von Ainsworth inszenierten Minidrama, in dem ein einjähriges Kind für kurze Zeit von seiner Mutter verlassen wird, wird aus dem Verhalten des Kindes auf einen bestimmten Bindungsstil geschlossen. Er ist kennzeichnend für die zwei Interaktionspartner, könnte also zwischen demselben Kind und einer anderen Bezugsperson anders sein.

Die meisten Kinder zeigen ihren Kummer, weinen und ihr Herz klopft schneller. Und wenn die Mutter wieder da ist, sind sie erleichtert, kuscheln länger oder kürzer mit ihr, beruhigen sich und beginnen dann wieder zu spielen. Die Bindung ist **sicher-balanciert**.

Einige Kinder lassen weniger Trennungsschmerz erkennen. Allerdings bekommen auch sie Herzklopfen, wenn die Mutter aus dem Raum verschwunden ist. Kommt diese zurück, dann gehen die Kleinen tatsächlich auf Distanz, ihr aus dem Weg und spielen einfach allein weiter. In diesem Fall spricht man von **unsicher-vermeidendem** Bindungsstil. Wissenschaftler haben das Stresshormon Kortisol bei solchen Experimenten gemessen und

Der Trennungstest

Folgendes Minidrama war der Kern der Versuchsanordnung von Mary Ainsworth:

Eine Mutter geht in fremder Umgebung kurz aus dem Raum und lässt dort ihr einjähriges, auf dem Boden spielendes Kind mit einer fremden, aber freundlichen Frau allein. Unter solchen Umständen hört das Kind normalerweise auf zu spielen, vermisst die Mutter, lässt sich zunächst ein wenig trösten und fängt dann wahrscheinlich zu weinen an. Die Mutter kommt zurück.

Das ist die Schlüsselszene. Was passiert? Wie reagierten die Kinder? Ein sicher gebundenes Kind sucht nach dieser Trennungserfahrung erst einmal Kontakt, Schutz. Dann, nach und nach, beruhigt es sich und gleitet z. B. vom Schoß seiner Mutter, um wieder am Boden zu spielen. Doch nicht alle Kinder verhalten sich so (siehe Bindungsstile oben).

festgestellt, dass der Wert bei diesen Kindern besonders hoch ist und es bleibt, wenn die Mutter schon wieder im Raum ist. Schließlich gibt es Kinder, die sich in der Situation von Anfang an unwohl fühlen und laut protestieren, sobald ihre Mutter aus dem Zimmer geht. Wenn sie dann zurückkehrt, sind ihre Gefühle ambivalent: Sie suchen einerseits Kontakt und zeigen andererseits, dass sie ärgerlich auf die Mutter sind. In dieser Ambivalenz finden die Kinder lange nicht zu Ausgeglichenheit und entspanntem Spiel zurück. Man nennt den Bindungsstil **ambivalent-unsicher**.

Desorientierte Kinder

Unabhängig vom Bindungsstil gibt es Kinder, die in dem Minidrama ungewöhnliche Verhaltensweisen, etwa Grimassen, zeigen. Sie schwanken zwischen verschiedenen Reaktionsmöglichkeiten. Man spricht daher von **desorganisierten, desorientierten** Kindern. Es gibt Hinweise, dass sie von Geburt an ihre Erregung schlecht regulieren konnten, möglicherweise haben sie weniger feinfühlige Mütter, oder es wirkt sich bei ihnen eine zu frühe, zu wenig individuelle Fremdbetreuung belastend aus.

Feinfühligkeit: Basis der guten Bindung

Wie Ainsworth gehören Klaus und Karin Grossmann zu den Entwicklungspsychologen, die Art und Güte einer kindlichen Bindung maßgeblich auf die Feinfühligkeit seiner Eltern zurückführen: Diese haben die Signale ihres Babys bemerkt, verstanden und beantwortet. Es getröstet, wenn es schrie, und mit ihm kleine Gespräche geführt und »getanzt«. Sie sind dem Blick ihres Babys mit den Augen gefolgt, haben sein Interesse geteilt oder es auf den Arm genommen. Sie haben sich aufmerksam verhalten und sind kooperativ auf die Ziele des Kindes eingegangen. Solch ein Verhalten stärkt Kinder darin, ihren Neugierimpulsen nachzugehen und die Welt zu entdecken. Es vermittelt ihnen ein Gefühl von Sicherheit, Tüchtigkeit und Selbstbestimmung.

Eltern, die als »Gesprächspartner« in den Augen ihrer Kinder unzuverlässig sind, bewirken eher ein schutzsuchendes »Klammern«, sagen die Forscher. Dieses Klammern kann entstehen, wenn die Mutter sich nur dann, wenn es ihr gerade passt, liebevoll um ihr Baby kümmert. Aber auch Mütter, die in einem seelischen Tief oder voller Sorgen sind und ihr Baby oft nicht wahrzunehmen scheinen, erschweren eine sichere Bindung. In diesem Sinne sind ein »Unsicherheitsfaktor« auch Mütter, die nicht tolerieren, dass sich ihr Kind der Umwelt zuwendet, und es dabei immer wieder stören. Der Zusammenhang von Feinfühligkeit und guter Bindung wurde vielfach bestätigt.

Zu Müttern, die in der Testsituation weniger einfühlsam und weniger fürsorglich erscheinen, die noch dazu Gefühlsausbrüche ihrer Kinder ablehnen, entstehen eher unsicher-vermeidende Bindungen. Und wenn eine Mutter selbst in ihren Gefühlsäußerungen stark schwankt und ihre Reaktionen für das Kind schwer vorhersehbar sind, dann ist die Bindung oft ambivalent-unsicher. Wenn Mütter jedoch einfühlsam, verlässlich in ihren Reaktionen und freundlich sind, ist mit einer sicheren Bindung des Kindes an seine Mutter zu rechnen.

Bindungserfahrungen und die Folgen

Bindungserfahrungen der frühen Kindheit sind einerseits prägend und auf lange Sicht bedeutsam. Anderseits sind sie veränderbar und durch neue Erfahrungen, Gespräche und Nachdenken korrigierbar. Sicher jedoch ist, dass Kinder gerade in den ersten Lebensjahren mit ihren ersten Bezugspersonen eine Art Arbeitsmodell für spätere Beziehungen erwerben. Was traue ich mir zu, erwarte ich von Freunden, Lebenspartnern? Wie verhalte ich mich als Freund, Freundin, als Liebender, Liebende? Dass hier die Feinfühligkeit, die man selbst erfahren hat, und die Art der Bindung an die Mutter eine wichtige Rolle spielen, verwundert nicht. Interviews mit 22-Jährigen, die in ausführlichen Gesprächen zu ihrer Partnerschaft befragt worden waren, ergaben: Junge Erwachsene, die sich ihrem Partner zum einen sehr verbunden fühlten und zum anderen seine Autonomie respektierten, hatten eine meist feinfühlig reagierende und die Bindung stützende Mutter. Das wussten die Wissenschaftler in diesem Fall genau, denn sie hatten die Kinder und ihre Mütter schon im ersten Lebensjahr mehrmals beobachtet, auch den Trennungstest (siehe Seite 127) hatten die Mutter-Kind-Paare gemeinsam durchstanden. Und mit 6, 10 und 16 Jahren waren weitere Tests erfolgt.

So nachhaltig sind Bindungsstile

Kann es sein, dass das frühe Zwiegespräch so lange nachwirkt? Bedenken Sie, dass die ersten wichtigen Personen während der anfangs so rasanten Gehirnentwicklung wirksam werden, Erfahrungen mit ihnen also grundlegend sind. Vieles spricht dafür, dass sich diese Erfahrungen, die ein Kind – vor allem mit seinen Eltern – macht, in den nächsten Jahren fortsetzen.

Babys mit feinfühligen Eltern können weiter auf sie vertrauen. Babys ohne Basis für eine sichere Bindung müssen längerfristig mit der Unzuverlässigkeit ihrer Bezugspersonen rechnen. Ein wichtiger Grund für die Langlebigkeit von »Bindungsstilen« ist eine Art Verstärkung der zunächst gelebten Stile: Offene, zugängliche und bindungsfähige Kinder machen mit vielen anderen Menschen um sie herum gute Erfahrungen. Kinder mit einem gelungenen Start werden eben meist ganz andere »Antworten« erhalten und ihre Sicherheit ausbauen können als unsicher gebundene Kinder, die wie in einem Teufelskreis häufiger anecken, abgelehnt werden oder es nicht schaffen, neue und sichere Bindungen einzugehen.

Info

Nicht nur die Mutter!

Im Übrigen spielen nicht nur Mütter für die Bindungserfahrungen eine Rolle. Kinder binden sich an den Vater oder die Großmutter oder eine »Nanny«. Sie können feinfühlige Zuwendung, Schutz und Sicherheit durch mehrere Menschen erfahren – auch wenn die moderne deutsche Kleinfamilie dies nicht eben erleichtert. Für Kinder ist es ein Gewinn, wenn sich mehrere intensive Beziehungen entwickeln, verschiedene emotionale Bindungen mit Bestand.

»Kommunikation gestört« – wenn der Anfang besonders schwierig ist

Dass der Dialog nicht immer klappt, haben Sie bereits gelesen. Auch dass Babys Schwierigkeiten haben können, ihren Rhythmus zu finden, deshalb besonders auf die Hilfe der Eltern angewiesen sind und diese vielleicht damit überfordern. Glücklicherweise gibt es Hilfen, die Eltern und Babys dabei unterstützen, miteinander ins Gespräch zu kommen.

Aller Anfang ist schwer!

Bis aus der ersten Begegnung ein Tanz wird, machen Mutter bzw. Vater und Baby viele, viele Schritte zusammen. Nicht nur einmal werden sie sich dabei auf die Füße treten – um im Bild des Tanzes zu bleiben. Immer wieder gibt es Situationen, in denen Eltern nicht mehr weiterwissen, weil sie ihr Baby einfach nicht verstehen. Das ist besonders aufreibend, wenn das Baby schreit. Was »fehlt« ihm bloß?! Ist es die Brust oder Nähe oder Wärme? Braucht es Unterhaltung oder Ruhe? Schreit es vor Schmerzen?
Oft genug – so haben Eltern den Eindruck – gleichen ihre Anstrengungen, den Grund für das Babyschreien herauszufinden, einem Ratespiel nach dem Prinzip: Versuch und Irrtum.

Meist funktioniert die Kommunikation

Trotzdem: Es klappt! Mutter und Vater – und alle, die sich liebevoll um das Baby kümmern – machen immer aufs Neue die wunderbare Erfahrung, dass sie intuitiv richtig handeln. Woher sie das wissen?
Ihr Baby zeigt es ihnen! Außer sich vor Schreien und völlig verstört »versteht« das Kleine doch ihre Beruhigungsversuche und nimmt sie an: Es kommt auf Ihrem Arm langsam zur Ruhe, entspannt sich, schmiegt sich an, kuschelt sich in Ihren Arm. Und die Welt ist in Ordnung – für das Baby, aber auch für seine Eltern. Genießen Sie diese Augenblicke! Sie

sind die Belohnung für Ihre Anstrengungen und ermöglichen Ihnen die so notwendige Erholung von dem Stress, den das Schreien eines Babys bedeutet. Jetzt können Sie sich aufs Neue entspannt und liebevoll um Ihr Baby kümmern. Dies wiederum ist die Voraussetzung dafür, dass Sie seine Signale überhaupt wahrnehmen, sie richtig verstehen und angemessen darauf antworten, was Ihnen Ihr Baby durch Wohlbefinden und Gedeihen dankt: ein »Engelskreis positiver Gegenseitigkeit« (siehe Seite 106).

Wenn Schreien Eltern verzweifeln lässt

Was aber, wenn nicht? Leider machen manche Eltern nicht die Erfahrung, dass sie ihrem Baby immer helfen können, zu Entspannung und Wohlbefinden zu finden. Das allen Babys eigene Quengeln und Schreien als Ausdruck von Unruhe, Unwohlsein, Hunger, Überreiztheit und Müdigkeit, vielleicht auch Schmerzen wird – so erleben diese Eltern es – zum Dauerzustand. Verzweifelt versuchen sie, ihr Baby zu verstehen, zu beruhigen oder überhaupt zu erreichen – aber es schreit und schreit und ist durch nichts und niemanden zu beruhigen.

Regulationsstörungen

Von den »Schreibabys« haben wir schon gesprochen (siehe Seite 110). Dass die sogenannten Dreimonatskoliken meist gar nicht für ihr übermäßiges Schreien verantwortlich sind, haben Sie gelesen.

Die meisten Babys, die in den ersten Monaten so exzessiv und unstillbar schreien, haben vielmehr Schwierigkeiten mit der für alle Babys anstehenden Entwicklungsaufgabe der Selbstregulation (siehe Seite 112). Hunger und Sättigung in regelmäßiger Abfolge zu empfinden, z. B. ist für sie noch längere Zeit eine Überforderung. Ebenso schwierig ist es für sie, innerhalb der ersten Lebenstage und -wochen zu einer Stabilisierung und Regulierung der verschiedenen »Verhaltenszustände« (siehe Seite 97–103) zu finden.

Mediziner und Psychologen sprechen deshalb heute immer häufiger von Regulationsstörungen im Säuglingsalter. Denn das ausdauernde Schreien ist ja meist nur ein Symptom der allgemeinen Schwierigkeit, einen eigenen Rhythmus zu finden, eigene Beruhigungstechniken zu entwickeln und Prozesse wie den Schlaf-wach-Rhythmus, Hunger und Sättigungsgefühle sowie die Abfolge allgemeiner körperlicher Spannung und Entspannung zu regulieren.

»Schreibabys« sind oft also einfach noch »ganz durcheinander«. Wachen und Schlafen will nicht klappen. Sogar in ruhigen Phasen sind die Babys eher quengelig, oft unruhig und jetzt noch nicht in der Lage, sich selbst z. B. durch Nuckeln und Saugen selbst zu beruhigen.

Sie können auch noch nicht gut zeigen, wann es ihnen »zu viel« wird. Sie sind deshalb oft überreizt, wirken aber andererseits auffallend »reizhungrig«, weil sie durch immer neue Reize leicht ablenkbar sind. Deshalb gelingt es ihren Eltern zwar, durch die vielfältigsten Ablenkungsversuche ihr Quengeln zu unterbrechen und ihr Baby für einige Zeit scheinbar zufrieden zu stellen. Diese »Zufriedenheit« ist aber von kurzer Dauer und schlägt sofort wieder um in Unruhe und bald auch Verstörung: Das Baby beginnt unruhig zu werden, zu quengeln, ist aber auch durch die Hilfe der Eltern, durch stundenlanges Stillen, durch Herumtragen, Schaukeln, lange Fahrten mit dem Kinderwagen nicht wirklich zu beruhigen. Vielleicht nickt es kurz ein, aber über kurz oder lang wird es wieder schreien.

Schlafen Sie!

Vor allem die Mütter – denn Väter stehlen sich gerade bei »Schreibabys« erfahrungsgemäß schneller aus der Verantwortung – sind deshalb oft rund um die Uhr in Alarmbereitschaft. Nicht selten stehen sie unter dem Druck, immer wieder Neues auszuprobieren, um vielleicht endlich für ihr Baby – und für sich selbst! – die ersehnte und so dringend notwendige Ruhe herstellen zu können. Aber genau an dieser Ruhe für die nötige Gelassenheit mangelt es! »Schreibabys« schlafen tatsächlich sehr viel weniger als andere Babys – und damit natürlich auch ihre Eltern. Die Folge: ständige Überforderung, Erschöpfung und chronischer Schlafmangel.

Regulationshilfe überfordert

Feinfühligkeit, Gelassenheit und Vertrauen in die eigene Intuition – nichts ist wichtiger für die Eltern eines »ewig« schreienden Babys, das ja ganz besonders auf die »Koregulation« seiner Eltern angewiesen ist. Aber gerade diese koregulativen Fähigkeiten gehen seinen Eltern in ihrer Anspannung verloren. Und wieder der Teufelskreis: Das Baby auf dem

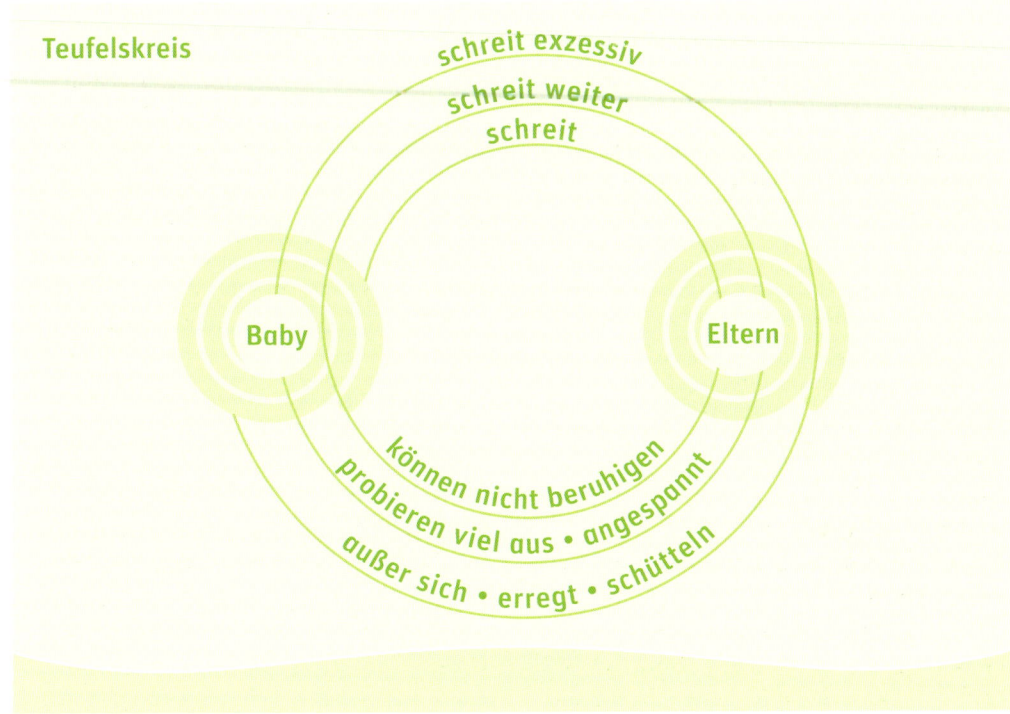

Teufelskreis

schreit exzessiv
schreit weiter
schreit

Baby — Eltern

können nicht beruhigen
probieren viel aus • angespannt
außer sich • erregt • schütteln

Arm ist ein kleiner Seismograph. Es spürt die angespannten Muskeln seiner Eltern, fühlt ihren schneller werdenden Herzschlag, registriert ihre Atmung, die in einem entspannten Zustand in ihrer Gleichmäßigkeit und Tiefe beruhigt, jetzt aber im wahrsten Sinn des Wortes beunruhigend ist. Natürlich bemerkt es auch ihre immer hektischer werdenden Bewegungen und ihre aufgeregte Art, auf es einzureden, und ihre möglicherweise lautere Stimmen. Und ihm fehlen das elterliche Verständnis und die Einfühlung, die natürlich in einer Situation der höchsten Anspannung verloren gehen. Dazu kommt: Eltern, die in ständiger Angst vor einer neuen »Schreiattacke« leben, übersehen leider oft die vielleicht noch undeutlichen Aufforderungen ihres Babys, mit ihm endlich einmal ganz ent-spannt in Kontakt zu treten. Der Blick für die »positiven« Signale ihres Babys geht verloren. Einfach nur erleichtert, wenn endlich einmal Ruhe ist, verstummen sie im Zwiegespräch mit ihrem Baby, das doch wie jedes andere Baby auf den spielerischen Dialog angewiesen ist. Wenn Experten heute also von Regulationsstörung sprechen, meinen sie auch diese Störung: die Störung der regulativen Fähigkeiten der Eltern oder ihrer intuitiven elterlichen Kompetenzen. Vielleicht löst sich der ganze Spuk nach drei Monaten auf: Das »Schreibaby« hat den Entwicklungssprung geschafft – vielen Eltern hilft diese Aussicht. Sie schaffen ein Krisenmanagement (siehe Seite 113), das ihnen hilft mit ihren Kräften hauszuhalten, um offen für die Signale ihres Babys bleiben zu können.

Manchmal aber liegen die Gründe nicht nur in ersten Anpassungsproblemen eines Babys. Manche Babys bleiben über die ersten Wochen und Monate hinaus »schwierig« und stellen damit ganz besondere Anforderungen an die Kompetenzen und an die Belastbarkeit ihrer Eltern.

Für manche Eltern sind aber auch schon einige wenige Wochen Schreien zu viel. Es fehlt ihnen an Kraft, aber auch an Unterstützung, mit der schwierigen Situation fertig zu werden und trotz aller Anspannung feinfühlig zu bleiben.

Misfit und seine Folgen

Eltern, deren Baby durch nichts und niemanden zu beruhigen zu sein scheint, wissen es: Feinfühliges Verstehen ist schwer, wenn man übermüdet, angespannt, verzweifelt ist. Es ist noch schwerer, wenn andere Belastungen dazukommen, wenn die Beziehung in die Brüche zu gehen droht, wenn keine finanzielle Sicherheit besteht, wenn man selbst unter Depressionen und Angst leidet. Feinfühligkeit ist möglicherweise gar nicht mehr möglich, wenn man befürchten muss, von Gefühlen der Hilflosigkeit, Enttäuschung, Angst und leider oft auch von der Wut auf das »Schreibaby« überwältigt zu werden …

Das in den ersten Monaten lebensnotwendige Zusammenspiel von Babys Bedürfnissen und elterlichen Antworten kann so nicht gelingen. Und das sind die Folgen des misslungenen Zusammenspiels: Das Baby schreit! Oder es kann nicht schlafen. Oder es trinkt und gedeiht nicht richtig. Oder alles zusammen klappt nicht. Frühe Regulationsstörungen können viele Bereiche – gleichzeitig oder nacheinander – »stören«: Sie zeigen sich im ersten Lebensjahr meist als Schrei-, Fütter- sowie Ein- und Durchschlafstörungen.

Gefahr in Verzug

Dass das Schreien eines Babys entsetzlich nerven kann, hat seinen Sinn. Eltern können fast nicht anders, als alles zu versuchen, um dieses Schreien »abzustellen«. Schlau eingerichtet von der Natur, jedoch nicht uneingeschränkt: Denn wenn das Schreien nicht abzustellen ist, kann es so auf die Nerven gehen, dass überforderte, übermüdete, verzweifelte Eltern ausrasten, ihr Baby packen und es – weil »die Sirene« einfach nicht auszuschalten ist – schütteln und schütteln, damit endlich Ruhe ist. Wer sich aus Verzweiflung so vergisst, vergisst leider auch, dass dieses Schütteln lebensgefährlich ist. Immer wieder sterben Babys oder erleiden schwere Hirnverletzungen, weil bei einem solchen Schütteln das empfindliche Babygehirn gegen den harten Schädelknochen prallt oder das schwere Köpfchen nicht von den Nackenmuskeln gehalten werden kann und deshalb wichtige Nervenfasern zwischen Rückenmark und Gehirn überdehnt werden und reißen.

Deshalb: Wenn Sie spüren, dass Sie wirklich nicht mehr können, wenn Ihre verständliche Verzweiflung in unkontrollierbare Wut umzuschlagen droht, brauchen Sie und Ihr Baby dringend Hilfe! (Siehe dazu auch Seite 136–140.)

Und sie halten häufig länger an, als der Begriff der Dreimonatskolik glauben machen lässt – und spätestens (!) dann brauchen Eltern und Baby professionelle Unterstützung! Wer Eltern in einer solchen Situation mit dem Hinweis, das Problem wachse sich aus, vertröstet, der verkennt die verständliche Verzweiflung der Eltern und verharmlost das Problem der Regulationsstörungen im Säuglingsalter, die inzwischen jedes vierte bis fünfte Baby betreffen sollen.

Denn wenn der Dialog zwischen Eltern und ihrem Kind auf längere Zeit gestört ist, wenn die Feinabstimmung einfach nicht klappen will, besteht die Gefahr, dass dieser »Misfit« nicht nur die ersten Wochen und Monate ausmacht, sondern die gesunde Entwicklung des Babys auf Dauer beeinträchtigt. Aus einem »Schreibaby« kann ein »Schreikind« werden, das auch über Jahre Probleme mit dem Schlafen haben wird, weiterhin unruhig und schwierig ist, sich auffällig fest an seine Mutter klammert, häufig unzufrieden wirkt, nicht richtig spielen kann und möglicherweise besonders aufsässig und aggressiv ist.

Diagnose: Regulationsstörung

Es gibt inzwischen relativ genau formulierte Bedingungen, ab wann Ärzte von einer Regulationsstörung, also z. B. einer Regulationsstörung mit exzessivem Schreien, einer Fütterstörung oder einer (Ein-)Schlafstörung, sprechen. Von der sogenannten Dreier-Regel nach Wessel haben Sie schon gelesen (siehe Seite 110). Ähnliches hat man für die Fütterstörung formuliert: Von einer Störung kann man z. B. sprechen, wenn das Stillen bei Kindern, die älter als drei Monate sind,

länger als 45 Minuten dauert und/oder in kürzeren Intervallen als 2 Stunden erfolgen muss.

In Bezug aufs Schlafen muss man natürlich immer das Alter des Babys berücksichtigen. Dennoch gibt es auch hier eine zeitliche Faustregel: Man spricht von Einschlafstörung, wenn Kinder auch nach Monaten nur mit Hilfe der Eltern einschlafen können und die Einschlafphase mehr als 30 Minuten dauert. Durchschlafstörung bedeutet, dass ein Baby an mindestens vier Tagen pro Woche nachts mehr als dreimal aufwacht, dann nicht ohne elterliche Hilfen allein wieder einschlafen kann und die nächtlichen Wachperioden im Durchschnitt länger als 20 Minuten dauern.

Um genau sagen zu können, ob es sich um eine Regulationsstörung handelt, wird Eltern empfohlen, über die Probleme ihres Babys Buch zu führen, also z. B. Schrei-, Fütter- oder Schlafprotokolle anzulegen.

Bedenken Sie aber: Solche Protokoll sind ein Hinweis, nicht mehr! Denn bei einer Regulationsstörung geht es ja nicht allein darum, welche Probleme ein Baby wie lange hat, sondern vor allem darum, wie sehr seine Eltern dadurch belastet sind, ob und wie sehr sie darunter leiden. Deshalb sind die beschriebenen Kriterien, die für eine Störung sprechen, nur scheinbar genau, nur ein Anhaltspunkt und bei weitem nicht der Wichtigste. Viel entscheidender ist die Frage, ob, warum und wie sich Eltern »gestört« fühlen. Geklärt werden muss, wie sie selbst ihre Belastbarkeit einschätzen und welche Möglichkeiten sie haben, mit den Schwierigkeiten – oder vielleicht auch nur Eigenheiten – ihres Babys umzugehen.

Es geht um die Beziehung zwischen Eltern und ihrem Baby und vor allem um den Fit oder Misfit zwischen Eltern und Baby. Denn weder die »Schwierigkeit« des Babys noch die Probleme der Eltern sind für sich genommen die e i n e Ursache, dass es nicht »passt«.

Wer hilft?

Für Eltern, die am Schreien ihres Babys verzweifeln, deren Baby einfach nicht richtig trinken und gedeihen will oder auch nach Monaten schlecht schläft, ist die erste Anlaufstelle meist der Kinderarzt. Dies ist auch sinnvoll, obwohl in den wenigsten dieser Fälle die Untersuchung des Babys eine organische Ursache ergeben wird. Ein Kinderarzt kennt das Baby in der Regel schon von den ersten Vorsorgeuntersuchungen und kann seine Entwicklung gut beurteilen. Er kennt

seine Eltern, und diese haben hoffentlich in den letzten Wochen oder Monaten Vertrauen zu ihm fassen können.

Entwarnung

Manche Kinderärzte bieten nach der organischen Abklärung inzwischen – meist außerhalb der normalen Sprechstunden – ein längeres Gespräch an, um mit den Eltern die Probleme, die Eltern und Baby miteinander haben, besser einschätzen zu können. Denn die Diagnose einer frühen Regulationsstörung ist nicht so einfach.

Oft kann der Kinderarzt beruhigen. Ängstlichen Eltern, die jedes Schreien ihres Babys als Ausdruck höchsten Unwohlseins interpretieren, hilft z. B. der Hinweis, dass alle Babys gerade in den ersten Wochen mehr schreien, dies aber normalerweise weniger wird. Mütter, die unsicher sind, ob ihr Baby genug trinkt

Störung oder nicht? – oft eine Frage der Interpretation

Wir haben schon beim »Schreibaby« darüber gesprochen, wie abhängig die Definition eines Problems mit dem Baby von der Sicht seiner Eltern ist. Und nicht nur deren individuelle »Brille« macht manches zum Problem – oder eben auch nicht. Auch der Ort, an dem ein Baby aufwächst, und damit die Gesellschaft beeinflussen die Diagnostik. Nehmen wir das Beispiel Schlafstörung. Was als »Störung« gilt, ist immer auch eine Frage der Kultur oder Gesellschaft, in der das Baby schlafen kann oder soll. In den medizinischen Richtlinien zur Diagnose einer frühkindlichen Schlafstörung eines Babys heißt es daher treffend: »... Schlafen im elterlichen Bett (Co-Sleeping) sollte nicht notwendigerweise als Symptom einer Schlafstörung herangezogen werden, da es großen kulturellen und interindividuellen Schwankungen unterliegt und zumindest in den ersten Lebensmonaten weit verbreitet ist. Inwieweit Eltern das Schlafen ihres Kindes im elterlichen Bett als problematisch empfinden, hängt offensichtlich auch davon ab, in welchem Maße dieses Verhalten mit den besonderen Anforderungen und Normen der jeweiligen Kultur kompatibel ist.«

oder isst, können beruhigt werden, so dass die bis dahin hektische und angespannte Still- und Füttersituation wieder für Mutter und Kind erfreulich werden kann. Auch Eltern, die sich bisher kaum Gedanken gemacht haben über die notwendige Anpassungszeit eines Babys an unsere Rhythmen oder einfach falsche Vorstellungen über den Schlafbedarf eines Babys haben, können in ihren Erwartungen korrigiert werden. Geplagten Eltern hilft es oftmals schon, wenn sie in ihren Sorgen ernst genommen werden und vielleicht Hinweise auf geeignete Literatur oder Veranstaltungen erhalten.

Weitere Anlaufstellen

Schwieriger wird es, wenn
- die Probleme, unter denen Eltern und Baby leiden, über Monate andauern,
- im Lauf der Entwicklung des Babys immer neue Schwierigkeiten auftauchen,
- sich zwischen Eltern und Baby »Sprachbarrieren« aufgebaut haben, die die Kommunikation erschweren oder gar unmöglich machen,
- die Eltern durch soziale, finanzielle, familiäre, gesundheitliche Probleme so belastet sind, dass sie es nicht mehr schaffen, sich auf ihr Baby einzulassen und ihm ihre ganze Aufmerksamkeit zukommen zu lassen.

Der Kinderarzt wird dann – hoffentlich! – mit den Eltern gemeinsam das weitere Vorgehen besprechen und sie an spezielle Institutionen, Beratungsstellen und Hilfseinrichtungen weiterleiten (siehe Seite 141). Bei sozialen und finanziellen Problemen sind die zuständigen Ämter der Gemeinde (Gesundheitsamt Jugendamt, Sozialamt)

die richtige Anlaufstelle. Wenn eigene Krankheiten – seien sie nun organisch oder psychisch – die Eltern belasten, ist deren medizinische Behandlung absolut notwendig. Für Störungen in der Interaktion und Kommunikation zwischen Eltern und Baby gibt es heute auch immer mehr sogenannte Schreibaby-sprechstunden.

Schreibabysprechstunden

Seit sich die Säuglingsforschung mit dem Thema der ganz frühen Kommunikation und deren Bedeutung für die gesunde Entwicklung beschäftigt, hat man erkannt: Je früher und besser Eltern und Babys, die miteinander Schwierigkeiten haben, geholfen wird, desto geringer ist das Risiko, dass sich frühe Regulationsstörungen zu anhaltenden Problemen ausweiten. Deshalb gibt es inzwischen spezielle Sprechstunden, Ambulanzen, Beratungseinrichtungen für Eltern, die nicht mehr weiterwissen, denen die Zeit, die ihnen der Kinderarzt zur Verfügung stellen kann, nicht ausreicht. Hilfe wird in Ambulanzen von Kinderkliniken, in Erziehungs- und Familienberatungsstellen, in Säuglings- oder Mütterberatungsstellen oder in Praxen niedergelassener Kinder- und Jugendlichenpsychotherapeuten angeboten.

Entwicklungsberatung

In diesen Schreibabysprechstunden steht Beratung an erster Stelle. Ganz wichtig ist die Aufklärung über die entwicklungsabhängigen Bedürfnisse des Babys. Oft reichen wenige Gespräche aus, vor allem dann, wenn »Missverständnisse«

nur dadurch entstehen, dass Eltern zu viel oder zu wenig oder einfach nicht das Richtige von ihrem Kind erwarten. Es gibt z. B. immer noch junge Eltern, die überzeugt sind, ihr neugeborenes Baby könne sie weder hören noch sehen, und die deshalb »sprachlos« in ihrer Kontaktaufnahme bleiben. Es gibt auch viele Eltern, die glauben, schon Neugeborene könnten verwöhnt werden, und die deshalb – sogar gegen ihre elterliche Intuition – die elementarsten Bedürfnisse ihres Babys aus vermeintlich erzieherischen Gründen nicht befriedigen.

Kurz: Eine sogenannte Entwicklungsberatung klärt unsichere Eltern auf, was »normal« ist, was sie also zu erwarten haben und was ihr Baby braucht. Beratung hilft Eltern auch, wenn sie erfahren, dass es eben Babys gibt, die von Anfang an – wie Psychologen dies nennen – »irritabler« sind als andere. Zu wissen, dass manche Babys und damit auch der Umgang mit ihnen eben einfach »schwieriger« ist, kann Eltern, die an sich selbst und ihren elterlichen Kompetenzen zweifeln, entlasten. Sie werden gelassener und entspannter, können wieder feinfühlig werden und sich auf ihre intuitiven Kompetenzen verlassen.

Kommunikationsanleitung

In Schreibabysprechstunden kann Beratung ganz konkret stattfinden: Ein Baby auf dem Arm seiner Rat suchenden Mutter schreit, vielleicht weil es durch die neue Umgebung, die vielen neuen Reize überfordert ist, vielleicht weil sein Tages-, Trink- und Schlafrhythmus durch den Beratungstermin durcheinandergeraten sind? Vielleicht spürt es auch die Anspannung seiner Mutter, die aufgeregt

ist, sich unter Druck setzt und jetzt gerade besonders »gut und schnell« ihr Baby beruhigen will, was – Sie haben es erkannt – genau zu solch einem der vielen Teufelskreise führt, die die Mutter in die Sprechstunde geführt haben.

Die direkte Beobachtung dieser »verfahrenen Situation« ermöglicht es den Beratungsexperten, gemeinsam mit den Eltern effektive Beruhigungsstrategien zu erproben, auf die sie später zurückgreifen können. Eltern mit Rückenstärkung der Beraterin, des Beraters üben, mit dem Verhalten ihres Kindes neu umzugehen.

Neben den Gesprächen und Übungen werden häufig Videoaufnahmen zur Unterstützung verwendet. Videogestützte Beratung bietet Eltern die Möglichkeit, sich selbst »von außen« zu beobachten, und erlaubt ihnen zu entdecken, was zwischen ihnen und ihrem Kind passiert und zu welchem Zeitpunkt.

Eine solche Beratung wird häufig als Kommunikationsanleitung verstanden. Und tatsächlich: In den beobachteten Situationen geht es ja um Kommunikation, um den Austausch von Signalen, der möglicherweise nicht richtig funktioniert mit der Folge, dass Eltern und Baby sich nicht verstehen. In der Beratung können die Kommunikationsstörungen besprochen werden.

Dabei eignen sich keinesfalls nur gefilmte Probleme und Missverständnisse. Denn nicht nur aus Fehlern lernt man! Mindestens eben so wichtig ist es, zu erfahren, wo die eigenen Stärken liegen. Wenn Eltern mit eigenen Augen sehen können, welche ihrer Kontaktangebote ihr Baby mit Begeisterung aufnimmt, und wodurch ihr Baby diese Begeisterung ausdrückt,

Vorbeugen ist besser ... – »Feinfühligkeitstraining« vor der Geburt

Für Mütter und Väter, die schon während der Schwangerschaft befürchten, aufgrund eigener Schwierigkeiten, später Probleme mit ihrem Baby zu haben, gibt es inzwischen auch Beratungsangebote und Kurse, die sie schon vor der Geburt aufklären, beraten und begleiten. Denn nicht selten bahnen sich spätere Regulationsstörungen bereits in der Schwangerschaft an. In mehreren Gruppentreffen unter der Leitung eigens dafür ausgebildeter Berater können Eltern sich auf ihre Elternschaft vorbereiten mit dem Ziel, sensibel für die Signale ihres Babys, aber auch für eigene Wünsche, Befürchtungen und Ängste zu werden. Das ist möglich. Denn Feinfühligkeit kann man »trainieren«. Gerade junge Eltern, deren intuitive Begabung durch traumatisierende Erfahrungen in der Vergangenheit oder durch gegenwärtige Belastungen verschüttet sind, helfen Trainingsprogramme, die sie in den Monaten der Anpassung an ihre Elternschaft begleiten. Wer möglichst viele Informationen über die Fähigkeiten und Bedürfnisse seines Babys vermittelt bekommen hat, also weiß, was auf ihn zukommt, wer schon in den Monaten vor der Geburt Kontakt zu seinem Baby aufgenommen hat, und nicht zuletzt, wer beizeiten lernt, in sich hineinzuhören, um schon vor der Geburt seine »Brille« kritisch überprüfen zu können und »seine Gespenster aus der Vergangenheit« kennenzulernen, wird die Sprache seines Babys sehr viel schneller verstehen lernen und auch sprechen können.

erfahren sie oft mehr über gegenseitige Verständnismöglichkeiten als durch Kritik an misslungener Kommunikation. Oft reichen einige wenige Termine aus. In neuen Entwicklungsphasen können Eltern dann noch einmal auf das Angebot der Kommunikationsanleitung zurückkommen, um auch die »neue« Sprache ihres Babys besser verstehen zu lernen.

Eltern-Säuglings-Psychotherapie

Manchmal verändert sich jedoch trotz eingehender Beratung nichts. Alle spüren dann, dass irgendetwas nicht stimmt: Obwohl Mutter und Vater vielleicht sehen, was schiefläuft, können sie einfach nicht anders, vielleicht weil Erwartungs- und Leistungsdruck, Angst, Enttäuschung, Wut, zunehmendes Desinteresse oder alte Erinnerungen und eigene Probleme den Blick trüben und die Beziehung zu ihrem Baby stören.

Gespenster aus der Vergangenheit

»Gespenster im Kinderzimmer« hat die bekannte Kinderpsychotherapeutin Selma Fraiberg sie genannt – diese alten Geschichten, die wir in uns tragen und die, ohne dass wir es wollen, plötzlich zwischen uns und unserem Kind stehen. Diese Gespenster aus der Vergangenheit sind Ursache mancher Missverständnisse zwischen Baby und Eltern. Denn Eltern sehen im Bann dieser Gespenster nicht das Baby, sondern vielleicht einen Menschen,

So können die Gespenster aus der Vergangenheit aussehen

Eine Mutter sieht z. B. in ihrem Baby ihre eigene Mutter vor sich, die immer so ablehnend war, eine andere vielleicht ihren starrköpfigen oder jähzornigen Vater. Sie interpretieren dann das Schreien ihres Babys als »Anschreien« oder sein Ruhebedürfnis als Desinteresse. Wieder eine andere Mutter fühlt sich vielleicht in der Gegenwart ihres weinerlichen, hungrigen Babys wie damals, als sie das Kind einer immer fordernden, immer unzufriedenen Mutter war, oder erschrickt angesichts ihres laut »brüllenden« Kindes wie früher, als der jähzornige Großvater brüllend mit der Faust auf den Tisch schlug.

Manchmal »erscheinen« auch Geschwister. Und das »pflegeleichte« Baby wird plötzlich zu dem »sonnigen kleinen Bruder«, der vor langer, langer Zeit zum Liebling des Vaters geworden war und auf den sein großer Bruder – der heutige Vater – so furchtbar eifersüchtig wurde. Nun »stört« diese Eifersucht von damals seine Beziehung zu seinem geliebten Baby und zu seiner Frau, weil er dem Baby – als Repräsentant des beneideten Bruders von damals –, ohne es zu wissen und zu wollen, die Aufmerksamkeit und Liebe seiner Frau, der Mutter seines Babys, neidet.

Manchmal entdecken Eltern Teile ihrer eigenen Persönlichkeit, die sie aus irgendwelchen Gründen sich selbst nicht zugestehen dürfen oder die sie selbst gern hätten. Das gut trinkende Baby erscheint ihnen dann als gierig – wo sie doch selbst so bescheiden sein wollen/müssen – und muss endlich zu einem strikten Stillplan erzogen werden. Das motorisch unruhige Baby sehen sie in der Zukunft als Spitzensportler, weil es jetzt schon so schön strampeln kann, und sie bemerken nicht, dass es eigentlich Ruhe und nicht noch mehr Aufmunterung bräuchte.

der in ihrer Vergangenheit eine wichtige Rolle gespielt hat. Wenn dies so ist, unterhalten die Eltern eine Beziehung zu einem »Gespenst«, das sich wie eine Trennwand zwischen sie und ihr Kind gedrängt hat. Haben diese alten Erinnerungen als »Gespenster aus der Vergangenheit« die Oberhand gewonnen oder stören unverstandene Gefühle – über die Eltern oft selbst am meisten erschrecken – das unbeschwerte Zusammensein mit dem Baby, ist Psychotherapie notwendig. Viele Schreibabyambulanzen oder Kinder- und Jugendlichenpsychotherapeuten, die sich auf frühe Regulationsstörungen spezialisiert haben, bieten deshalb heute eine Eltern-Säuglings-Psychotherapie an. In dieser geht es darum, zum einen die Gespenster aus der Vergangenheit als Gespenst »dingfest« und damit unschädlich zu machen und zum anderen das Baby, so wie es ist, kennenzulernen. Eine solche Eltern-Säuglings-Psychotherapie kann manchmal Wunder wirken, wenn es den Eltern gelingt, die Gefühle, die mit der Verkennung des Babys zusammenhängen, als »alt« und damit völlig unpassend zu erkennen. Sie können dann wieder im Hier und Jetzt das Leben als Eltern genießen. Und das ist es ja, was Mutter und Vater möchten und was ihrem Kind am allerbesten bekommt!

Literatur

Bowlby, John:
Bindung.
Fischer, Frankfurt/Main 1980

Brazelton, T. Berry/Cramer,
Bertrand G.:
*Die frühe Bindung – die erste
Beziehung zwischen dem Baby
und seinen Eltern.*
Klett-Cotta, Stuttgart 1990

Brisch, Karl Heinz/
Hellbrügge, Theodor:
*Die Anfänge der Eltern-Kind-
Bindung.*
Klett-Cotta, Stuttgart 2007

BzgA (Bundeszentrale für
gesundheitliche Aufklärung):
*Das Baby, Informationen für
Eltern über das erste Lebensjahr.*
Bestellen unter: order@bzga.de
und andere Infobroschüren:
www.bzga.de unter dem Stich-
wort: Familienplanung bzw.
Kinder- und Jugendgesundheit

Dornes, Martin:
*Der kompetente Säugling – die
präverbale Entwicklung des
Menschen.*
Fischer, Frankfurt/Main 1993

Gerhardt, Sue:
*Why love matters – how
affection shapes the brain.*
Brunner-Routledge,
Hove/England 2004

Kirkilionis, Evelin:
Ein Baby will getragen sein.
Kösel, München 1999

Klaus, Marshall H./Kennell,
John H./Klaus, Phyllis H.:
*Der erste Bund fürs Leben – die
gelungene Eltern-Kind-Bindung
und was Mütter und Väter dazu
beitragen können.*
Rowohlt, Reinbek 1997

Largo, Remo H.:
Babyjahre.
Piper, München 2007

Michaelis, Richard:
*Die ersten fünf Jahre im
Leben eines Kindes.*
Knaur, München 2006

Moll, Günther/Dawirs,
Ralph/Niescken, Svenja:
*»Hallo, hier spricht mein
Gehirn«.*
Beltz, Weinheim 2006

Oerter, Rolf/
Montada, Leo (Hrsg.):
Entwicklungspsychologie.
Beltz, Weinheim 2002

Stern, Daniel:
*Mutter und Kind. Die erste
Beziehung.*
Klett-Cotta, Stuttgart 1979

Stern, Daniel:
*Tagebuch eines Babys. Was ein
Kind sieht, spürt, fühlt und denkt.*
Piper, München 1991

Anlaufstellen und Links

»Schreibabysprechstunden«

Die Münchner Sprechstunde für Schreibabys
gehört zu den Vorreitern aller Projekte im
Bereich frühe Hilfen. Sie wurde 1992 als erste
Beratungsstelle für Eltern mit Säuglingen und
Kleinkindern am Sozialpädiatrischen Zentrum
in München von Mechthild Papoušek aufgebaut.
Kinderschutzzentrum München
Heiglhofstraße 63
81377 München
Tel.: 089-710 09-330

Inzwischen gibt es aber überall in Deutschland
Schreibabysprechstunden in Kliniken, Beratungsstellen und Praxen. Adressen von Schreiambu-
lanzen erfahren Sie von Ihrem Kinderarzt, über
das zuständige Jugendamt bzw. Erziehungsbe-
ratungsstellen, Kinderkliniken oder die Listen
der Gesellschaft für seelische Gesundheit in der
frühen Kindheit (GAIMH e.V.) in der Elternrubrik
www.gaimh.de.
Eine vergleichbare Sammlung von Adressen mit
Abweichungen bietet **www.trostreich.de.**

Für alle anderen Themen finden Sie weiterführende Informationen unter www.familienhandbuch.de.

Register

Für Ihr Kind
nur das Beste

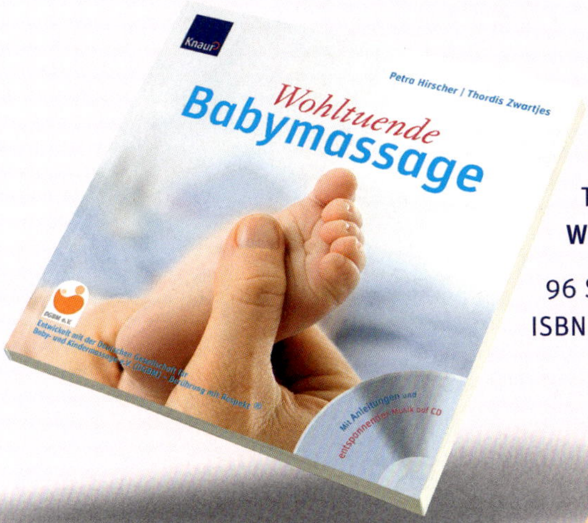

Petra Hirscher/
Thordis Zwartjes
Wohltuende Babymassage

96 Seiten
ISBN 978-3-426-64483-6

Prof. Dr. Richard Michaelis
**Die ersten fünf Jahre im Leben
eines Kindes**

240 Seiten
ISBN 978-3-426-64260-3

www.knaur-ratgeber.de

Impressum

**Bibliografische Information der
Deutschen Nationalbibliothek**
Die Deutsche Nationalbibliothek verzeichnet diese
Publikation in der Deutschen Nationalbibliografie;
detaillierte bibliografische Daten sind im Internet über
http://dnb.d-nb.de abrufbar.

© 2008 Knaur Ratgeber Verlag
Ein Unternehmen der Droemerschen
Verlagsanstalt Th. Knaur Nachf. GmbH &
Co. KG, München
Alle Rechte vorbehalten.

Wichtiger Hinweis
Die im Buch veröffentlichten Ratschläge wurden von
Verfasserinnen und Verlag mit größter Sorgfalt erar-
beitet und geprüft. Eine Garantie kann jedoch nicht
übernommen werden. Ebenso ist eine Haftung der
Verfasserinnen bzw. des Verlages und seiner Beauftrag-
ten für Personen-, Sach- oder Vermögensschäden aus-
geschlossen.

Bildnachweis
Umschlagfotos:
Silvia Lammertz, München

Fotos:
Klappe vorne: Eckehard Apfel rechts oben Mitte,
rechts; Getty Images/Lisa Spindler links unten;
Imago/Peter Widmann rechts unten; Jupiterimages/
Workbook Stock rechts oben; Mauritius Images/
Marina Raith links oben

Antje Anders S. 46; Eckehard Apfel S. 39, 59, 61, 69,
90, 92 Mitte unten, S. 98 oben links und rechts, S. 123
rechts; Corbis/Heide Benser S. 6/Etsa S. 72/Cat Gwynn
S. 30 oben/A.Inden S. 26/ Steve Prezant S. 92 unten;
Getty Images/Altrendo S. 31 oben/Rebecca Emery S. 92
Mitte oben/Ericka McConnell S. 99 oben/Sarma Ozols
S. 86 links/Lisa Spindler S. 42; Annett Katrin Graf
S. 86 rechts, S. 91 oben rechts; Graphit, Germering S.
55, 86 Mitte, 103; Elena Hönig S. 70, 75, 91 unten links,
S. 93 unten, S. 108; Imago/AM-Bildagentur S. 99 unten
rechts/Schöning S. 99 unten links/Siering S. 93 oben/
Peter Widmann S. 98 unten; Marko Jacob S. 44, 91
oben links, 116; Jupiterimages/Babystock S. 93 Mitte/
Workbook Stock S. 84; Mauritius Images/Botanica
S. 74/John Curtis S. 60, 119/Oxford Scientific S. 13/
Simon Plant S. 92 oben/Carsten Rademacher S. 99 oben
rechts/Marina Raith S. 31 unten, S. 67, 130/Angela Reik
S. 30 unten links, S. 56/Tetra Images S. 114; Picture
Alliance/Jens Kalaene S. 126; Claudia Rehm S. 111;
Markus Röleke S. 122; Gabie Schnitzlein S. 14, 83, 91
unten rechts, S. 96, 124; The Social Baby S. 16, 30 unten
rechts, S. 34, 35; Superbild S. 123 links; www.babybay.de
S. 68

Das Produktfoto des Beistellbetts wurde freundlicher-
weise von www.babybay.de zur Verfügung gestellt.

Projektleitung:	Caroline Colsman
Redaktion:	Petra Klose, Hamburg
Bildredaktion:	Sylvie Busche (Ltg.),
	Markus Röleke
Herstellung:	Veronika Preisler
Layout und Satz:	GRAPHIT, Germering
Umschlaggestaltung:	griesbeckdesign, München
Reproduktion:	Repro Ludwig,
	A-Zell am See
Druck und Bindung:	Firmengruppe APPL,
	aprinta druck, Wemding

Printed in Germany

ISBN 978-3-426-64912-1

5 4 3 2 1

**Bitte besuchen Sie uns auch im Internet
unter der Adresse:**
www.knaur-ratgeber.de